「教えない授業」の始め方

山本崇雄 著

はじめに

　現代社会の変化は日々加速しています。IoT（モノのインターネット）、AI（人工知能）、仮想通貨、ブロックチェーン（仮想通貨の取引データ技術、分散型取引台帳）、フィンテック（Fintech、ファイナンステクノロジーの略）、自動運転、無人店舗等の出現は私たちの生活を大きく変えています。変化に疎いといわれている学校においても、エドテック（EdTech、Educationと Technology を組み合わせた造語）といわれるテクノロジーの力を使い、教育にイノベーションを起こすビジネス領域が浸透してきており、変化の波が押し寄せています。Volatility（変動性・不安定さ）、Uncertainty（不確実性・不確定さ）、Complexity（複雑性）、Ambiguity（曖昧性・不明確さ）にあふれる時代。頭文字をとって、現代は VUCA な時代といわれています。

　さらに、地球上にはさまざまな問題が起きています。2015 年に国連サミットでも採択された国際目標である SDGs（Sustainable Development Goals＝持続可能な開発目標）で示されている貧困や不平等、気候変動といった問題は深刻です。しかし、この目標は世界を変える可能性を持っていると思います。国や文化が違っても、対立して戦争状態にあっても、「持続可能で平和な世界を作る」という目標には合意できるのではないでしょうか。同じ目標に向け、世界が協働できる日がきっと来ると僕は信じています。

　問題にあふれ、しかし可能性にもあふれている。こんな世界に僕らは子どもたちを送り出すのです。全人類の最上位目標が SDGs を達成し、平和で持続可能な世界を作ることだとしたら、学校教育の最上位の目標は何になるでしょうか。僕は、「さまざまな課題に果敢に挑むことができる自律型学習者（Self-directed student）を育成していくこと」を全ての教師が目指すべきだと考えています。自律型学習者は自ら課題を見つけ、時に協働しながら解決手段を選択し、自分なりの答えを出していくことができます。この能力はリアルな社会でも通用し、最終的には SDGs の達成にもつながっていくと考えます。そして、こうした能力を身に付けるには、学校の学びをリアルな社会にシームレスにつなげていくことが必要です。リアルな社会では、

課題を示してくれたり、分かりやすく解説してくれたりする先生はいません。したがって、授業で分かりやすく丁寧に教えれば教えるほど、生徒の学び方はリアルな社会から遠ざかっていくといえるのです。

　ここ数年、「自律型学習者を育てる」という、僕が考える学校教育の最上位目標を全国の先生方と共有するために、「教えない授業」の理念と実践を、講演会やワークショップ、出前授業などを通してお話ししてきました。その中で質問が多かったのが、「教えない授業」の始め方と続け方です。そこで本書では、「教えない授業」の具体的な手法を、さまざまな事例を紹介しながら、無理なく始められるように解説していきます。

　「教えない授業」では、生徒に一方的に知識を教えることはしません。「分からない単語や文法があった時どうするか」といった問題解決の方法や「英語を聞いたり、話したり、読んだり、書いたりするためにはどうしたらいいか」といったトレーニングの方法を経験させていきます。すると、生徒たちは目的に応じて学び方を選択できるようになります。学び方を自分たちで選択しながら、時に協働して、主体的に学んでいく場をつくると、思考が深まり知識も定着します。ですから、「教えない」ことでテストの点数が下がるということはありません。さらに、目標に向かって頑張る力、他の人とうまく関わる力、感情をコントロールする力といったテストでは測れない非認知能力も高まります。これが、「教えない授業」で目指す授業のあり方です。

　「教えない授業」では、時に生徒が先生役を担い、生徒同士で協働して学んでいきます。もちろん、最初からこうした活動を行うのは簡単ではありません。では、何からスタートすればいいのでしょうか？

　まず、「教えない授業」を支えるのは、生徒一人一人の「自分でやってみたい」という自律へのモチベーションです。これを育てていくには、教室を「間違いを楽しみながら挑戦する場」にしていく必要があります。本書ではマズローの自己実現理論に関連付けながら、生徒がモチベーションを高め、生徒同士が協働していく「教えない授業」の土台作りを紹介します。

　さらに、ペアワークやグループワークといった学びの協働化を支えるには、生徒同士の良好な関係づくりが重要です。良好な人間関係を築くための機能として、リアルな社会ではパブリック・リレーションズ（Public Relations

＝PR。20世紀初頭から米国で発展した、組織とその組織を取り巻く人間[個人・集団・社会]との望ましい関係をつくり出すための考え方および行動のあり方）が確立しています。このスキルを教室に取り入れることで、人間関係づくりにおいても、教室とリアルな社会がよりシームレスになっていきます。また、このスキルは同僚との良好な関係構築にも役立ちます。「同僚が生徒主体の授業に反対している」といった悩みも解決できるでしょう。

　では、「教えない授業」での教師の役割はどうなるのでしょう。まず、生徒の自律へのモチベーションを高め、活動をファシリテートしていく高い技術が必要になります。さらに教師が good learner（良き学習者）になり、生徒にとって良き role model になることも重要です。教室での学びをリアルな社会にシームレスにつなげていくために、教師自身も社会につながっていかなければなりません。

　社会の変化に敏感になり、常に授業をバージョンアップする必要があります。教室をリアルな社会につなげる手法として、僕は PBL（Project Based Learning）を取り入れています。例えば、序章で紹介する「理想の教材を作ろう」では、教室に出版社の方々を招待することで、生徒がリアルな社会を感じられます。SDGsを窓にして「食品ロスをなくすアイデアを考えよう」といったプロジェクトを行うことで、学びをリアルな社会課題につなげられます。課題を身近な地域の問題につなげることで、生徒が課題解決に向けた行動者に変わります。こう考えると、これからの教師は、単に「教える」だけでは不十分ということが分かるのではないでしょうか。

　「教えない授業」というと、極端で特別な教育手法に感じられるかもしれませんが、これからの社会で生きていける自律型学習者を育てる一つの手法です。先生方が、授業の手法の一つとして「教えない」ことを手に入れ、自律型学習者の育成につなげていただければと思います。授業を通して、「リアルな社会で自律してハッピーに生きていく自律型学習者」の育成を目指す全ての先生方に、本書が役に立てばうれしいです。

2019年2月

山本崇雄

CONTENTS

はじめに ……………………………………………………………………………3

序章	**理想の教材を作ろう** ……………………………………9

　　　「理想の教材を作ろう」プロジェクト ………………………………10
　　　子どもたちのセンスウェアの素晴らしさ ……………………………13
　　　生徒たちで授業をマネジメントする …………………………………14
　　　生徒はどう動いたか、なぜそれが可能だったか ……………………17

第1章	**なぜ「教えない授業」なのか** ………………………19

　　　授業が「教えない授業」になったわけ ………………………………20
　　　教師としてどこを目指すか ……………………………………………22
　　　直線の時間と円環の（循環する）時間 ………………………………23
　　　社会と学校の乖離 ………………………………………………………25
　　　学校に違和感を持つ子どもたち ………………………………………27
　　　全ての世代のパートナーシップ ………………………………………28

　　COLUMN 1　「すごい楽しいし、知らない間に英語覚えてます」………30

第2章	**パブリック・リレーションズで教室を安全・安心の場に** …33

　　　パブリック・リレーションズとは ……………………………………34
　　　パブリック・リレーションズの3つの柱 ……………………………35
　　　倫理観〜みんながハッピーかどうか …………………………………35
　　　双方向性コミュニケーション〜4技能で発信し合い、
　　　　助け合おう …………………………………………………………38
　　　自己修正〜間違いを楽しもう …………………………………………39
　　　多様性を感じ、認め合う集団をつくるために ………………………42

　　COLUMN 2　「自分に合った勉強法を探せてとてもためになっています」………44

| 第3章 | 「教えない授業」を始める | 47 |

自律型学習者を育てる「魔法のノート」 48
「魔法のノート」のフレーム 50
"初めまして"の授業で 52
教科書の学び方 55
教科書の絵から内容を推測する　Guesswork 57
絵を表現するためのトレーニング 61
教科書の内容をざっくりと読む・聞く
　Fireplace Reading / Eye Shadowing 63
教師からの問い　Big Question 66
じっくりと読む　Intensive Reading 66
英文が分かるようになるトレーニングをする
　Sight Translation 69
「問い」を立てる　Question Making / My Question 78
「問い」に対する意見を表現する　OREO 86
分かったことをノートにまとめ、発表する　Oral Presentation 87
評価評定について 90
「教えない授業」での語彙の増やし方
　〜学びの見える化と例文の自分ごと化 92
「教えない授業」での文法の扱い方 96
「教えない授業」を発展・継続させるため 101

COLUMN 3　「自分から英語を学びたいと思わせてくれる授業です」 104

第4章　学びをリアルな社会につなげる ……………… 107
- マズローの自己実現理論 ……………………………… 108
- 教室をリアルな社会につなげる土台 …………………… 108
- 社会的欲求・承認の欲求をリアルな社会につなげる …… 109
- 教室にリアルな社会で活躍する人を呼び込もう ………… 110
- SDGsで世界の課題につなげる ………………………… 116
- 勉強するのは誰かを笑顔にするため …………………… 118
- SDGsで教科を超える …………………………………… 119
- **COLUMN 4**　「誰かのために何かをするときがいちばん一生懸命になれます」……… 120

第5章　「教えない授業」を持続させる リレーションシップ・マネジメント ……… 123
- 先生を取り巻くステークホルダー ……………………… 124
- 生徒とのリレーションシップ・マネジメント ………… 127
- 保護者とのリレーションシップ・マネジメント ……… 133
- 同僚とのリレーションシップ・マネジメント ………… 137
- **COLUMN 5**　「先生が育ててくれたのは、『他人に感謝する心』だと感じます」……… 142

第6章　【座談会】実践報告＆お悩み相談会 ……………… 145

付録　「教えない授業」リポート ……………………………… 169
おわりに ……………………………………………………… 186
参考文献 ……………………………………………………… 188
索引 …………………………………………………………… 189

序章

理想の教材を作ろう

✅「理想の教材を作ろう」プロジェクト

　上の写真は中学1年生の3学期に行った「理想の教材を作ろう」というPBL（Project Based Learning）の発表会（exhibition）の様子です。教室の後ろにいる聴衆（audience）は、実際に教材を作っている出版社に勤めている方々や他校の先生方です。

　僕は生徒に、「どんな教材があればワクワク勉強できるかを考えて、理想の英語教材を作ろう」とだけ伝えました。プロジェクトの時間は、計6時限をかけました。ただ、教科書の学習も同時に進めていたので、1回の授業の50分を全てプロジェクトに費やしたわけではありません。発表会の日を示し、出版社の編集職や営業職の方たちに授業に見学に来ていただけるよう声を掛けていることを伝えました。発表会に向けて、教科書の学習とプロジェクトを生徒たち自身で、タイムマネジメントして進めていきます。「もしかしたら、僕たちのアイデアがどこかの会社に採用されるかもしれない」と笑

顔で取り組む生徒たちに教師のガイドは必要ありません。

　生徒たちは、"Frog and Toad"シリーズの絵本を題材に、どういう教材があれば、この本をワクワクして読むことができるかを考えながら形にしていきました。このプロジェクトの評価は、リアルな社会で実際に教材を作っている方々の生きたコメントです。教材作りのプロにプレゼンテーションをして、コメントをもらうことで、生徒たちは、教室の学びがリアルな社会に通じていると感じるのです。

　準備の段階では、「どんな教材がワクワクするか」という「問い」から、それぞれの班でさまざまな意見が出ていました。多かったのが、折り紙などを使って、立体的に物語を感じる仕掛けです。登場人物の人形を作り、それらを動かしながら物語が進んでいく仕掛けや、登場人物のお面を作って、英文を読みながら登場人物に実際になりきる仕掛けなど、見ていてもワクワクするものがたくさんありました。

　驚いたのは、振り返りを重ねていく中で「ワクワクするだけでなく、英語の力がつく教材を作りたい」という本質的な発想も生まれてきたことです。ある班は、リスニングの教材を作りたいと、音源の作成にも挑戦しました。生徒たちで音読をし、それを録音するのです。役割を分担し、練習を重ねていきます。ネイティブの先生にも音読のアドバイスをもらいながら、緊張した面持ちで録音をします。もちろん一度ではうまくいかず、何度も納得のいくまで録音を繰り返していました。結果的に彼らは、英文の内容を覚えるくらい練習し、正確な発音で音読していたのです。

　英語力という観点からいうと、教材作りを通して、彼らは何度も物語を読み、さまざまな表現に何度も触れ、深く理解していくことになります。この理解の深さは、教師が一方的に「教える」ことでは生まれません。生徒たちが主体的に何度も読むことで、深い学びにつながっているのです。さらに、感情をコントロールしながら「いい作品を作る」という目標に向け協働していくので、自然と社会性や自尊心などの非認知能力が高まっていきます。

　この姿が「教えない授業」の目指すところです。学び方を手に入れ、教室の学びを未来につなげながら主体的に学んでいく。「教えない授業」では、そんな生徒主体の教室をつくることができるのです。

折り紙で立体的にストーリーを表す教材案

✅ 子どもたちのセンスウェアの素晴らしさ

「理想の教材を作ろう」プロジェクトでは、生徒の作品はどんどん立体的になっていきました。折り紙などを上手に使いながら、物語が目に見えるようになってきて、作っている生徒たちもワクワクしています。「先生、僕たちのアイデアがどこかの会社に採用されるかもしれない！」と発表会を楽しみにしている生徒の様子も見られました。

こういった、アウトプットの活動はデザイン力を高めていきます。株式会社ユニバーサルデザイン総合研究所所長で科学技術ジャーナリストの赤池学さんは、子どもたちのデザインには大人にないセンスウェアがあふれていると言います。センスウェアとは、「心と五感に訴えかける品質」のことです。例えば、「感動する」「共感する」とか、「びっくりする」という感情を引き出すといった品質を指します。

この時、ゲストティーチャーとして参加されたある出版社の方は、「私たちは、立体の教材を作ると、置き場所だとかコストのことをつい考えてしまい、そもそも立体にしようとは思いもしない」と話した上で、「子どもたちの純粋にワクワクする教材を作ろうという感覚に、逆にこちらが学ぶことができた」と話してくださいました。こういったコメントを聞くことで、生徒たちは、自分たちの作品を評価してもらえる喜びを感じ、同時に、コストなどビジネスとしての教材作りの観点を学ぶことにもなります。この授業を通して、生徒も大人もお互い win-win の関係になることができるのです。

このように専門的に評価してくれる人（people capable of critiquing）にプレゼンテーションをすることは、単に評価のために先生にプレゼンテーションをするより生徒のモチベーションははるかに高くなります。さらに、自分たちのアイデアが「世の中で役に立つ」（to be service in the world）と感じたとき、学びは継続的かつ深いものになっていきます。PBL では、発表会で誰に向かって発表するかを意識することが、生徒のモチベーション向上にとって重要になります。

実際に教材作りをしている大人が真剣に作品を見る（発表会の様子）

✅ 生徒たちで授業をマネジメントする

グループごとに自律して学んでいる様子（中1）

左ページ下の写真はプロジェクトに向かって学んでいる中学校1年生の3学期の授業の様子です。50分の授業の中で、活動内容と活動時間、学習形態（個、ペア、グループ）を自分たちでマネジメントしておのおので学んでいます。個々でドリルに向かう生徒もいれば、ペアやグループで向き合っていたり、立ち上がって動いていたりする生徒もいる様子が見てとれるでしょう。これは、複数の活動（タスク）を示し、時間管理しながら自分たちで進めていく"Multitasking with Time-management"の一環です。

　具体的にはプロジェクターで黒板に下のようなスライドを表示し、50分の授業時間の中で、何をどのくらいの時間、誰とどのように学んでいくのかを班ごとにストップウオッチを使って自分たちでマネジメントしていきます。

Multitasking with Time-management

Warm-up [　] min
　Bingo / Quiz / Game / Song
Review [　] min
　Oral Presentation / Sight Translation
　教科書の音読 / 文法のまとめ
Main Activity [　] min
　教科書の Notebook Making [　] min
　Project「理想の教材を作ろう」[　] min

　"Warm-up"は授業の最初に行う活動です。英語の授業への切り替えとして重要です。1、2学期の授業では、BingoゲームやQuiz、Game、歌などを行ってきました。3学期には、その中から生徒たちがやりたい活動を選んで、楽しみながら活動しました。ここでの活動形態は、ペアやグループで活動する生徒が多く見られました。

"Review"（復習活動）は、学んだことを定着させるために重要な活動です。ここでは、前回までに学んだことの復習を目的として活動を選びます。Oral Presentation は教科書の絵や写真を使って、内容を要約して話す活動です。Sight Translation は、左側に意味のかたまり（チャンク）ごとに改行した英文、右側に日本語訳を配置したワークシートを使った活動です。いずれも第３章で具体的に活動内容と指導方法をご紹介します。他に教科書などの音読や文法の確認などの活動から自分たちで選んで活動していきます。個人で取り組む活動を選ぶ生徒も見られ、学びの内容や活動形態はさまざまです。

　メインの活動は、このときでは"Frog and Toad"という絵本を題材に「理想の教材」を作っていくプロジェクト学習と、教科書の内容を教科書のレッスンごとにまとめる Notebook Making（ノート作り）です。ノート作りについても第３章で詳しくお話しします。

　とても興味深かったのは、プロジェクトの発表が近づくにつれ、Notebook Making は「家でもできるよね」と生徒たちが気付き始めたことです。彼らは、「学校でしかできない学び」と「家でもできる学び」を意識し始めたのです。そして、自分たちで「宿題」を設定するようにもなります。

　このように、自律型学習者が集まる教室では、学習の協働化（グループで取り組んだ方がいいタスク）と個別化（個人で取り組める、あるいは家でもできるタスク）が自然に行われるようになります。教師の役割は、グループや個人を回り、学びの様子を観察し、適宜フィードバックを行うことです。先生に発表を見てもらいたい生徒は、自然と先生のところに来て練習したりします。14 ページ下の写真では一見、生徒たちはまとまりなく勉強しているように見えますが、それぞれ自分たちが選んだことに責任を持って真剣に学んでいるのです。

　この協働学習をうまく進めるために役立つのが、「はじめに」で紹介したパブリック・リレーションズの考え方です。パブリック・リレーションズとは、リアルな社会で組織とその組織を取り巻く人間（個人・集団・社会）との望ましい関係をつくり出すための考え方および行動のあり方を指します。リアルな社会での良好な人間関係づくりの考えを教室に持ち込むことで、教室の学び方もリアルな社会に近づいていきます。授業への具体的なパブリック・

リレーションズの取り入れ方は、第2章および第5章で述べていきます。

このように、生徒が自律型学習者に育ち、自分たちで授業を作っていけるようになるのが、「教えない授業」の目指す理想の授業の形の一つです。この姿に至るまで、どのような仕掛けが必要なのかを、本書全体を通してお話ししていきたいと思います。

✓ 生徒はどう動いたか、なぜそれが可能だったか

このような自律的な学びが、なぜ中学校1年生で可能になったのでしょうか？　僕は、自著『なぜ「教えない授業」が学力を伸ばすのか』(日経BP社，2016年)で、東京都立両国高等学校・附属中学校での中学校1年生から高校3年生の実践をまとめました。この本の中で述べたように僕は、彼らが中学3年生や高校生になってから授業のマネジメントを生徒に預けました。この時、僕は学年主任であり、学級担任でもあったので、自律した学習の理念を生徒たちに伝える場面はたくさんあり、生徒主体の活動を広げることは難しくありませんでした。また、同じ学年を組む先生たちも同じ理念で授業をしていたので、自信を持って生徒に授業を任せることができたように思います。

彼らを卒業させた後、同じ都立の中高一貫校である武蔵高等学校・附属中学校に異動になりました。ここでは、学年主任でも学級担任でもない立場でしたので、週数時間の英語の授業だけが勝負になります。

僕はまず、生徒の自律への力を信じることにしました。受け持っていた中学1年生に対し、3学期には、生徒に授業のマネジメントを委ねる計画です。そのために、1、2学期にできるだけたくさんの活動に触れさせ、生徒が自律して学べる「学び方」を手に入れさせる計画を立てました。

生徒が、自分たちで授業をマネジメントできるようになるためには、学びの経験値が重要になります。分かるようになるためには、何をどの手順で行えばいいのか理解しなければなりません。この体験が、学び方や形態を選ぶ時の根拠になるわけです。

ですから、1、2学期で、Warm-upの活動にはどのようなものがあるのか、

Reviewではどのようなことをするのか、Main Activityで新しい教材の学び方はどうするのか、これらを経験していきます。つまり、「学び方」を体験を通して教えていくのです。

その中で、「分からない単語があったときの辞書の使い方」「文法項目の調べ方」「文法の定着の仕方」「教科書の学び方」「ノートの作り方」「学んだことのアウトプットの方法」などを教えていきます。「教えない授業」では、知識や答えは教えませんが、「学び方」や「学びのプロセス」はしっかり教えていきます。

さらに、これらの学び方を学んでいくためのタスクを体験させることも重要です。タスクとは「目的を持った意味ある活動」(goal-directed meaningful activity) の総称です。「教えない授業」では、第二言語習得の理論の中でも、相互交流を強調したタスクベースのアプローチを重視します。

「教えない授業」でのタスクは主に次のようなものがあります。まず、教科書の内容を絵を使って英語で描写するタスク (Oral Presentation) では、教科書に出てくる文法表現を必然的に使うことになるので、言語形式に焦点を当てることができます (form-focused task)。また、教科書の説明だけでなく、内容に対して「問い」を立て、答えていったり、内容からプロジェクトを作り活動したりすることで、自然と言語機能 (function-focused task) や意味内容 (content-focused task) にも焦点が移っていきます。

このように「教えない授業」では、異なる目標を持つタスクを意図的に与えることで、結果的にバランス良く英語を使うことになります。この流れは、目的を達成するための手段としての英語の使用を、自然と生徒たちに経験させることができます。

こういった1、2学期における学び方を学ぶ経験があってこそ、3学期には学び方を選択し、優先順位を付けながら学んでいくMultitasking with Time-managementが可能になるのです。

では、具体的にどのように指導していけばいいのか、なぜこのような授業を目指すのかを次章から詳しくお話ししていきたいと思います。

第1章

なぜ「教えない授業」なのか

第1章では、僕がなぜ「教えない授業」を行うようになったのかをお話しします。「教えない授業」を通してどのような生徒を育てたいかという理念の話が中心になります。僕の前著や講演などで、すでに「教えない授業」の理念をご存じの方は、この章は読み飛ばしていただいて構いません。

授業が「教えない授業」になったわけ

　僕は1994年に、東京都の公立中学校で英語教師としてスタートしました。当時は、1989年告示の学習指導要領で「外国語で積極的にコミュニケーションを図ろうとする態度の育成」という新しい目標が明記され、英語の授業でも英語を使ってコミュニケーションをすることが目指されていました。したがって、英語で授業を行うことが授業改革の一つでした。英語で行われる授業を受けたことのない自分にとっては、英語での授業づくりはまさに手探りです。そんな中、勤務校の近くの学校で研究授業が行われました。授業者は三浦邦彦先生（当時足立区立第三中学校教諭、現島根県立大学教授）です。三浦先生の中1の英語授業は、チャイム開始から全て英語で指示が行われ、生徒も活発に英語で活動している姿に参観者もどんどん引き込まれていきます。中1では、英語で授業をすることなど無理だと決めつけていた僕にとって、そのオールイングリッシュの授業は衝撃でした。あまりに自分の授業と違っていて、これから僕はどんな授業をしたらいいのかと、途方に暮れたのを覚えています。その後、三浦先生も学ばれていた私的な勉強会「英語授業研究会」（https://jugyou.eigo.org）に足しげく通うようになりました。

　この「英語授業研究会」で、英語で行う授業にたくさん触れることができたので英語で行う授業のイメージをつくることから実践にまでつなげられました。教師歴10年目の2003年には、東京都の英語教師を代表して、英語教育の全国大会（全英連東京大会）で、1000人を超える先生たちを前にモデル授業をするチャンスにも恵まれます。「英語授業研究会」でたくさんの先生の指導を受け、目標であった三浦先生のように、オールイングリッシュの授業を舞台上で生徒たちと行いました。当時大田区立御園中学校に勤務し

ていましたが、ごく普通の公立中学校の1年生でも、全て英語で指示をし、生徒が活発に活動する授業ができることを、全国の先生方にお見せすることができたのです。ところがこの当時、何か目に見えない課題があるように感じ、授業をやり切っても「もやもや」とした違和感が残っていました。

この「もやもや」が晴れていき、「教えない」授業スタイルに変えていくきっかけとなったこととして二つの大きな出来事がありました。一つは2011年3月11日の東日本大震災、もう一つは、同じ年に行ったケンブリッジ大学の研修です。

東日本大震災では、全てがゼロになってしまう無力感と、そこから立ち上がる人々の強さに触れました。震災後、縁があって訪れた一般社団法人Bridge for Fukushima（代表理事 伴場賢一さん）で出会った高校生たちの、福島の未来を見つめた自律した姿は忘れられません。自分の生徒たちにこの強さはあるのか。教師がいなくても、自律して学び続ける力があるのか。自分の教育を問い直すきっかけになりました。

ケンブリッジ大学の研修では、模擬授業を行いました。この時、普段自分がやっているスタイルを披露したところ、一言、次のように言われたのです。

「君の授業は生徒にレールを引き過ぎている。
これでは生徒は失敗できない。
生徒は失敗から多くを学ぶのだ」

確かに当時の僕の授業は、生徒に失敗をさせないよう丁寧に多くのことを教えていました。新出単語が出てくれば、発音や意味を導入し、文法も全て丁寧に説明していきます。教科書を開く前にさまざまな活動を行い、生徒が失敗しないようにしていたのです。ペアワークなどをしながら生徒がアクティブに学んでいるように見えたのですが、あくまでも教師の引いたレールに生徒が乗っているだけの授業にすぎません。

この二つの出来事がつながり、自律した生徒を育てる「教えない授業」のイメージが湧き上がり、「もやもや」とした違和感は消えました。「教え過ぎ」ては、自律した生徒は育たない。授業を「教えない」スタイルに変え、教師

がいなくても学び続ける自律型学習者を育てたいと考えるようになったのです。これが現在の「教えない授業」の原点となっています。

✓ 教師としてどこを目指すか

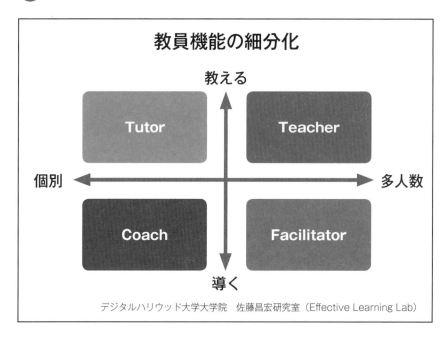

　これからの教師は、上の図のように機能が細分化されていきます（デジタルハリウッド大学大学院 佐藤昌宏教授作成）。これまでの教師は、多人数を効果的に教える Teacher としての役割が大切でした。しかし、Tutor や Teacher の「教える」分野は AI や映像授業が得意なものです。実際、中高生の学び方を見ると、分からないことがあれば、YouTube などにキーワードを入力して、動画から学んでいます。インターネットには全国の「教える」ことが得意な先生たちの動画が無数にアップされています。どれも5分や10分で簡潔にまとめられており、教え方もとても上手です。何といっても分からなければ繰り返し見ることができますし、違う説明を他の先生の動画で見ることができます。これらは、教室の一人の先生で行うことはできま

せん。スライドや図解のクオリティーも高く、同じことを教室でやろうとしたら、準備に膨大な時間がかかってしまうでしょう。

　こういう学びを現在の中高生はしているのです。ですから、教室で黙って50分間、先生の説明を聞き続けることに違和感を持つ生徒も出てきています。例えて言うなら、知識を伝えるための一斉授業は、わざわざみんなで一つの画面でYouTubeを見ている感じです。

　ただ、「教える」ことが不必要だとか、悪だとか主張しているわけではありません。これからの教師は、生徒の実態に合わせ自分の立ち位置をしっかり定めながらも、それぞれの機能を適宜使い分けることが求められるのです。

　「教えない授業」では、教師は主にFacilitatorやCoachに役割の主軸を置きます。極力一方的に「教える」ことを控え、生徒が学び方のプロセスや答えを自ら発見できるように導いていきます。つまり僕は、さまざまな教師の役割の中から、主にFacilitatorやCoachの立ち位置で「教えない授業」を実践するという選択をしているということです。

✓ 直線の時間と円環の（循環する）時間

　「教えない授業」では、生徒の成長をじっくり「待つ」ことが大切になります。この教えたい気持ちを抑えて「待つ」ことは先生にとって、とても難しいことです。なぜなら、学校には「直線の時間」*が流れているからです。中間期末考査を中心に年間計画が組まれ、その間には行事が敷き詰められています。ですから、教師は考査までに何をどこまで学ぶかを中心に授業計画を立てていきます。生徒は中間考査で悪い点を取ると、形式的な追試や課題が出され、「できる」「できない」に関わらず次のテストに向かわされます。

　次のテストを考えると効率的に「教える」ことを優先してしまい、生徒が置き去りになってしまうことも少なくありません。このように、「直線の時間」では時間が、後戻りできない直線的な矢印のように進んでいきます。失敗をしてもやり直すことが難しい流れを感じます。現代の働き方でも多くのことに「直線の時間」が流れ、時間に支配されているのではないでしょうか？

　しかし、「直線の時間」は「教えない授業」をはじめとした、生徒の自律

を願う学校にはなじみません。そもそも、生徒たちは一人一人、違ったスピードで成長していきます。それぞれの時間を刻む時計をそれぞれが持っているのです。同じ時計は一つもありません。成長は「違っていい」というのが大前提にあるのにもかかわらず、私たちは多くの思い込みにとらわれています。その一つが年齢によって、できること、できないことがあるという思い込みです。

例えば、高校生になっても三単現のｓが怪しい生徒がいるとします。この生徒は勉強がダメな子でしょうか？ 三単現のｓは中学校１年生で学び、できるようになるものという思い込みにとらわれていないでしょうか？

この思い込みを作ってしまっているのが学習指導要領です。学習指導要領は、日本のどの地域でも同じ質の教育ができるように作られたもので、学年ごとに教えるべき内容が示されています。しかし、学習指導要領は、教える側の都合で作られています。一人一人の発達の違いを考えたら、何をどの学年で習得するかはもっと自由であるべきです。

高校生で三単現のｓができなければ、その時が学びのチャンスと捉えるべきです。AIが学校にもっと入ってくれば、タブレットなどで学びを個別化することで、できないことは何度でも学び直せるようになるでしょう。ですから教師自身のさまざまな思い込みを捨て、学びをもっと長いスパンで捉え、学校に失敗を許す「円環の（循環する）時間」*を作っていきましょう。

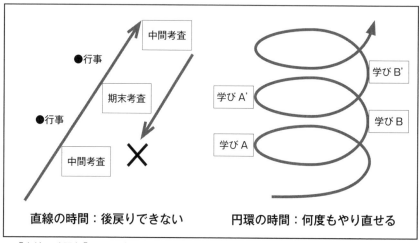

＊「直線の時間」「円環の（循環する）時間」という言葉は、哲学者内山節さんの概念です。

✓ 社会と学校の乖離(かいり)

　このように直線の時間が流れる学校は19世紀末の日本の産業革命以降125年以上大きく変わっていません。その証拠にどの世代の人と話しても、授業スタイルや行事、宿題、部活動など共有できる話題がたくさんあるのではないでしょうか？　その一方、リアルな社会はものすごい勢いで変化しています。AI、ビッグデータ、VR（仮想現実）、ブロックチェーンなど、世の中のあらゆる場面で、インターネットにつながったテクノロジーが社会を大きく変革する時代です。

　その結果、リアルな社会と学校はものすごい勢いで離れてしまっています。日本の多くの学校では、答えのあるテストに向けて、勉強していきます。解決方法は先生が丁寧に教えてくれます。テストも答えがある問題を一人で解きます。相談するとカンニングになり、厳しく怒られます。入試も同じです。

　その結果、テストや入試だけを目標にしてしまうと、最優先事項は自分のための勉強となり、協働することは自分に利益をもたらさないものと捉えかねません。また、答えのない問題に粘り強く取り組むことができず、すぐに解法や模範解答を求めるようになります。効率よくテストの答えを導き出すことが勉強の中心になってしまうのです。

　一方、リアルな社会では答えのない問題をチームで協働しながら解決していきます。解決方法はさまざまな手段を駆使し、自分たちで見つけていきます。分からないことを相談せずにそのままにしておくと怒られます。そこには解決方法を教えてくれる先生はいません。

　前者のような学校の学びはリアルな社会を見えなくしていると言っても過言ではありません。それだけでなく、生徒の自律も阻害します。僕は自律した生徒とは端的に言えば「責任を持って選ぶことができる力」を持っている生徒だと考えます。

　リアルな社会では、常に選択を迫られます。答えのない問題に対して、どう現状把握するか、どう情報収集するか、誰と協働するか、誰に相談するか、いつまでに何をするか……全て選択して決めなければなりません。

　しかし、学校では生徒が何かを選んで学ぶ機会はほとんどありません。「親

身で丁寧な指導」で一方的に教えれば教えるほど、生徒から選択する自由を奪います。宿題が多過ぎれば、生徒は家庭での学びの選択さえできません。例えば、「ワークの○から○ページまで、答え合わせをして提出しなさい」という宿題を考えてみましょう。この範囲の全ての問題が、全ての生徒に必要だということはまずありません。ある生徒にとっては簡単過ぎるでしょうし、ある生徒には難し過ぎるでしょう。

　本来、宿題の目的は生徒に学力をつけさせるためであるはずです。しかし、今の多くの学校では、先生が成績をつけるために提出させることが多いのではないでしょうか。成績をつけるためであっても、次のような問題があります。ある生徒は、答えを丸写しにして、答え合わせをし、提出する。ある生徒は分からない問題につまずいて、最後までできずに提出する。どちらが点数が高くなるでしょう。前者が点数が高かったとしたら、生徒は真面目に取り組まなくなり、宿題を提出することが目的になってしまうのです。ですから「教えない授業」では生徒がさまざまな「学び方」を手に入れ、自分に必要な学びを選択して行う経験をたくさん積ませることが重要だと考えます。

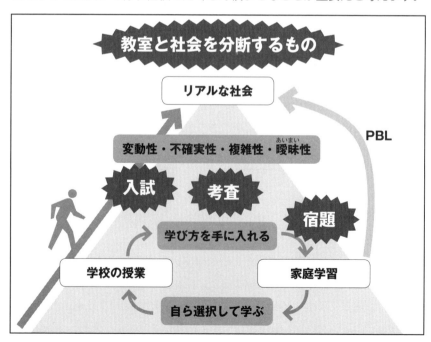

✅ 学校に違和感を持つ子どもたち

　このように学校とリアルな社会は乖離し、さらに一方的な指導は生徒の主体性を奪ってしまいます。その結果、多くの生徒が学校に違和感を持つようになったのではないかと感じています。義務教育制度が整い、全ての子どもたちが学校に行ける環境にありながら、小中学校では 144,031 人、高等学校では 49,643 人の児童生徒が不登校になっています（平成 29 年度「児童生徒の問題行動・不登校等生徒指導上の諸課題に関する調査結果について」）。これに高等学校における中途退学者 46,802 人（同調査）を加えると日本で 24 万人以上の子どもたちが学校に何らかの理由で行けていないのです。この中で、多くの子どもたちは今の学校教育に違和感を持っているのではないでしょうか？

　さらに、深刻なのは大人のひきこもりです。2015 年の内閣府の調査によると推定約 54 万人のひきこもり（15 歳～ 39 歳以下）がいるといわれています。また、新卒者の就職後 3 年以内の離職率も高く、大学卒 31.8%、短大等卒 41.5%、高校卒 39.3%、中学卒 64.1% となっています（平成 27 年「新規学卒就職者の学歴別就職後 3 年以内離職率の推移」厚生労働省ホームページ）。

　この問題に対して学校ができることは、学校とリアルな社会をよりシームレスにし、生徒に社会でも通用する学び方を手に入れさせることです。学びをリアルな社会につなげる PBL（Project Based Learning）形式の授業を行い、社会で活躍する人たちを学校に取り込んでいくことで、子どもたちは学校でリアルな社会を感じることができます。また、学び方をリアルな社会での働き方に近づけることもできます。「教えない授業」では、子どもたちが「学び方」を手に入れ、自律型学習者になります。そして、教室の学びをリアルな社会につなげ、自律して持続的に学んでいきます。つまり、「教えない授業」は、学びが社会とシームレスになっていく授業方法なのです。ですから、社会と学校の乖離を避けるという観点からも、僕は「教えない授業」を手段として選んで実践しているのです。

✅ 全ての世代のパートナーシップ

　渋谷に 100BANCH（ヒャクバンチ　http://100banch.com）という複合施設があります。2階に「Garage」というワークスペースがあり、ここでは公募で選ばれたプロジェクトチームがさまざまなプロジェクトを進めています。ここに、起業した高校生がいるということで、会いに行ってきました。
　高校2年生でロボットの会社 Yoki を立ち上げた東出風馬さん（株式会社 Yoki 代表取締役社長）です。当時弱冠17歳だったことから「高校生起業家」「17歳の社長」などと話題になりました。
　一見、どこにでもいる普通の高校生ですが、対話を通して明確なビジョンに向け協働しているプロセスを感じました。Yoki のビジョンは、「違いが認められる社会をつくる」です。例えば、コップ一つとっても、人それぞれの好みは違います。これまでは、個々の好みに完全にフィットする製品を作ることは難しいことでした。しかし、テクノロジーがそれぞれの違いや好みに対応できると東出さんは言います。彼らは、違いが認められる社会を実現させるためにテクノロジーを利用し、「HACO」というロボットを作っています。
　東出さんは「HACO」について、こう紹介しています。

> 「私たちはロボットに大きな可能性があると信じています。でも、まだまだロボットは普及に至っていません。ロボットのいる未来に可能性を感じているすべての人に、その可能性を試すことができるロボットを届けたい。そして本当に可能性のあるロボットを生み出していきたい。そのような思いから生まれたのが HACO というロボットです。HACO は、ハードウェアもソフトウェアもカスタマイズすることができます。自由にカスタマイズして様々な場面で利用できます。学習目的として!?　お店の受付で!?　言語習得のお手伝い!?　HACO を使って用途を発見していきましょう」
>
> 　　　　　　　　　　（株式会社 Yoki ホームページより）

東出さんとの対話では、これからの社会の変化やプログラミング教育にも話題が及び、圧倒されました。この時、僕ら大人は子どもたちからもっと学ぶべきだと強く感じました。人それぞれの得意不得意は多様であって良い。それらを組み合わせて協働することで大きな力になる。事実、東出さんは自身ではプログラムコードは一切書けないと言います。自分ができない部分は素直に人を頼ることで、さらに価値を生み出すことができると考えているのです。

　学校ではこれまで、教師が生徒に「教える」というベクトルが一方向だけに向いていました。これを双方向にしていき、教師と生徒がお互いに学び合うパートナーシップを組んでいくのがこれからの学校のあり方だと思います。「教えない」の先に、「生徒から学ぶ」時間を設けてもいいのではないでしょうか？　インターネットやAI、動画やアニメ文化など、僕ら大人が彼らから学べることはたくさんあるのではないでしょうか。

　今、盛んに行われている教育改革も本当は子どもたちと共に行っていくべきです。オリンピックイヤーの2020年には、10年に1度改定される新学習指導要領が小学校で全面実施されます。翌年には大学入試改革を受けて、センター入試に変わる大学入試共通テストの実施が始まり、各大学の英語の入試でも、民間の4技能試験の結果を利用するところもあり、大きく変化します。これらは当事者である子どもたちにとってはとても大きな変化です。

　もちろん改革に携わる方々は子どもたちの将来を考えて議論してくださっていると思います。しかし、これらの改革の多くは大人側の都合で進められ、結果に左右されているのは子どもたち自身です。僕らはもっと当事者である子どもたちの声を聞くべきではないでしょうか。教育や大学入試改革の会議に生徒代表が入るべきだと思いますし、学校の職員会議でも生徒代表の声を聞く時間を設けるべきです。全ての世代が協働して教育改革を行い、未来の社会をともに作っていくべきだと考えます。

　少子高齢化の進む現代で、学校がリアルな社会とシームレスになり、子どもたちが社会の大人とのつながりを感じるだけでなく、社会の大人が子どもたちからも学ぶ。学校がハブになることによって、全ての世代がパートナーシップを組み、学び合っていく社会をつくっていけるのではないでしょうか。

COLUMN 1
「すごい楽しいし、知らない間に英語覚えてます」

Q) 山本先生の授業は他の授業と何が違いますか？

- 黒板を使わない。毎回の授業に目標がある。プロジェクトを通して他の科目についても学べる。苦手な子とも一緒にやろうと思える。（福代美乃里）
- 他の授業と比べてちょっと騒がしい。そして、まだ習っていないこともなんとなくできてしまう。（ショパン茉苑）
- 英語での会話が授業のほとんどなので、社会に出てからの実用性がある。将来、授業で得た英語や会話力を生かした仕事をしたい。（井上雅巳）
- 教えられるというよりも自分たちで考えて楽しむという授業内容なので、自然と自分から学ぼう、吸収しよう、という考えになっていく。（佐々木郁乃）
- サボろうとしたら普通にサボれるけど、学力を伸ばそうと思ったらとことん伸ばせる。（矢澤 煌）
- 指定された課題がない。そして、先生が「〜をやりなさい」と言わない。とにかく自由だけど、ちゃんと英語の授業になっている。（中村友哉）
- 生徒に任せてくれるところがとても多いと思う。そのため、自分が興味を持ったところについて、とことん追求できる。（國井杏珠）

Q) これまでの授業で、いちばん印象に残った活動は何ですか？

- 紹介したい日本の文化を、ALTの先生に英語のカタログを作って紹介したこと。自分の好きなことを調べてまとめる活動が楽しかった。（伊藤颯太）
- SDGsに関する動画を撮ったこと。英語と地球学が絡んでいて、めったにない授業だった。（池田 愛）
- Ideal School。理想の学校を作るのは楽しいし、それを現実に作ってみようとする、とてもワクワクした授業だった。（中野淳平）
- SDGsのプロジェクト。洋楽を歌いながらSDGsについて伝えることができた。楽しかった上に、コミュニケーション能力が鍛えられた。（茂山翔馬）

──東京都立武蔵高等学校・附属中学校　中学1年生へのアンケートより

- SDGsカップソング。英語とSDGsを合わせることが楽しかった。歌詞などで勉強にもなった。（今井英明）
- 東京のツアーを考えるプレゼン。東京に住んでいても知らない東京の名所を知ることができた。また、ツアー会社の人のお仕事の内容や、苦労、努力が分かった。こんなふうに普段できない体験ができたり、大人にプレゼンをしたり、偉い人に会ってお話ができるのが、楽しくて面白い。（西野入未彩希）

Q) 山本先生の授業は好きですか？

──はい 100%　　いいえ 0%　　どちらでもない 0%

- みんなで楽しくできるから。いろいろなプロジェクトがあって楽しいから。（林 遙菜）
- 楽しい授業を考えて持ってきてくれて、どれも楽しめるから。テストで良い点数を取ることだけが全てじゃないと思えるような、自分の将来のための授業をしてくれるから。（青田花朋）
- 最初からやることが決まっているのではなく、みんなで話しながら形作っていける。アクティブで、自分からやろうという気持ちになる。（川﨑友裕）
- SDGsなども盛り込まれているし、友達と何かをすることが多い。話す活動も文を書く活動もあって、英語が身に付いている感じがする。（大儀このみ）
- 生徒の「やりたい、できるようになりたい！」という気持ちに向き合ってくれて、長所だけでなく、短所も否定せず受け入れてくれている。生徒の可能性を信じて応援してくれているっていうのが伝わってくる。（三本ののか）
- 山本先生は、楽しく効率の良い英語の学習方法をいつも研究していて、動画やプロジェクトやアプリなどで、新しい刺激を与えてくれる。（荒井智哉）
- 50分があっという間で、すごい楽しいし、知らない間に英語覚えてます。私はのほほんと自由にしているのが好きだからピッタリ。（谷井七穂）

第2章

パブリック・リレーションズで教室を安全・安心の場に

第2章では「パブリック・リレーションズ（PR）」について紹介します。教室は生徒にとって安全・安心の場でなければなりません。学校が自分の居場所として安心していられる環境であって初めて、生徒は挑戦し、失敗を可能性ととらえ、深い学びをしていきます。教室が生徒同士の良好な関係のもと、授業や行事の目標に向かい安心して挑戦できる場だと、生徒が感じられる環境づくりが必要です。本章では、そのために有効な手立ての一つである「パブリック・リレーションズ」を授業にどう取り入れていくかをお話します。

✅ パブリック・リレーションズとは

　パブリック・リレーションズとは、組織とその組織を取り巻く人間（個人・集団・社会）との望ましい関係をつくり出すための考え方および行動のあり方を指し、リレーションシップ・マネジメントの手法の一つです。

　本章では、パブリック・リレーションズのスキルを中高の英語教育に取り入れたリレーションシップ・マネジメントの例を述べていきます。

　このパブリック・リレーションズの日本における第一人者、井之上喬さんはパブリック・リレーションズを次のように捉えています。

> 「パブリック・リレーションズ（PR）とは、個人や組織体が最短距離で目標や目的に達する、『倫理観』に支えられた『双方向性コミュニケーション』と『自己修正』をベースとしたリレーションズ活動である」

　グローバル化が進み、子どもたちは社会に出た後、多様な文化と価値観を持った人たちと関わっていかなければなりません。その時、一人一人の違いを尊重しながら協働しなければならない時が来るでしょう。パブリック・リレーションズはそんなリアルな社会で必要とされるスキルです。このスキルを学校教育に取り入れることで、学校での協働作業におけるリレーション

シップ・マネジメントの体験がリアルな社会に生きるのです。

パブリック・リレーションズの3つの柱

リアルな社会でのパブリック・リレーションズは次の3つのキーワードが理念の柱となっています。

①倫理観
②双方向性コミュニケーション
③自己修正

これら3つのキーワードを教室に当てはめて考えていきましょう。

倫理観〜みんながハッピーかどうか

現代のパブリック・リレーションズの倫理観は、ジェレミー・ベンサムの功利主義「最大多数の最大幸福」と、イマヌエル・カントのマイノリティーに対しても義務感を持って手を差し伸べなければならないという「義務論」との補完関係の上に成り立っていると考えられています。

これを学校に当てはめると、例えば、教室で何かを多数決で決めた時も、少数派の意見も義務感を持って考慮しなければならないということです。「目標」は何か、目標達成のためにどの「手段」が最適なのかを、数だけで決めるのではなく話し合っていくことが、少数派への考慮です。「多数決だからこれ」と少数派を切り捨てるのではなく、少数派の意見も同等に考慮し、共通の目標達成に向け、いい関係性を保っていくことが重要なのです。

井之上さんは、日本の社会で繰り返し企業による不祥事が起きるのは、この倫理観に基づくリレーションシップ・マネジメントができていないからだと指摘します。「倫理観に基づく思想を持ち、行動することは、時には回り道に見えても、長い目で見れば、お互いが利益を享受し持続的に発展できるサイクル構築の近道になっている」ということがリレーションシップ・マネ

ジメントで倫理観が重要である理由です。

　ただ教室では「倫理観」と言っても生徒たちには分かりにくいので、教室では次のようなルールにしました。

Everyone should be happy.
「みんながハッピーになろう」

　教室内の活動で、何か行動したり、発言したりすることで周りの人がハッピーかどうかを常に気を付けようということです。

　例えば、グループワークで自己主張だけして、周りの意見を聞かなければ、周りは決してハッピーにはなりません。

　この"everyone"には教師も含まれています。教室外に広げれば、生徒を取り巻く全ての関係者（ステークホルダー）も含まれます。家族や親戚、地域の方々、他の先生、事務・用務の方、給食を作る方……数えればきりがない人々が生徒の周りにはいます。「倫理観」を教室に当てはめていくにあたっては、生徒自身の周りのステークホルダーを書き出すことから始めてもいいでしょう。

　生徒の一つの言動が多くのステークホルダーをハッピーにしたり、アンハッピーにしたりします。「教室からハッピーな社会をつくっていこう」と提案しましょう。

第2章 パブリック・リレーションズで教室を安全・安心の場に

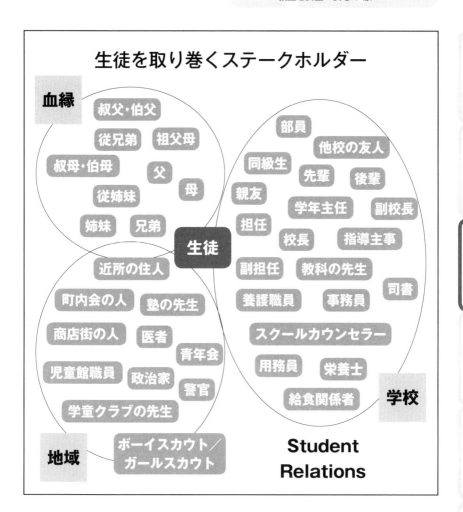

✓ 双方向性コミュニケーション〜4技能で発信し合い、助け合おう

　次に2つ目のキーワードの「双方向性コミュニケーション」についてお話しします。コミュニケーションの情報の流れは、一方向性と双方向性があります。一方向性は情報発信者が、相手に向け一方的に情報を与えることを意味し、双方向性は、情報発信者と情報受信者の情報のやりとりが双方向の形を取ります。お互いの相互理解を深めるのが双方向性コミュニケーションです。

　コミュニケーションが双方向になるように、まず教師は授業を双方向性にする必要があります。もし、授業が黒板とチョークで一方的に講義する形であれば、教師と生徒が相互理解を深めることができません。お互いに学びのパートナーシップを対等に取り、どちらの意見も優劣はなく対等なものにしていきましょう。「教えない授業」の「教えない」は、教師が一方的に「教える」のはやめ、生徒からも「学ぶ」対等なパートナーシップを組んでいくという意味でもあります。リアルな社会でのパブリック・リレーションズで考える理想的な双方向性コミュニケーションの形をまず、教師が示しましょう。

　この双方向性コミュニケーションを、教室では以下のようなルールにしました。

> **Everyone should listen, speak, read, write and help each other.**
> **「みんなで聞いて、話して、読んで、書こう、そして助け合おう」**

　まずは、英語の4技能をフルに使ってお互いにコミュニケーションすることを大切にします。英語という手段を使って、双方向性コミュニケーションをしていくイメージです。

　最後の help each other「助け合おう」は、動いていろいろな人とコミュニケーションを取るときに、双方向性のコミュニケーションを意識し、必要に応じて誰かに頼ろうという意味です。

矛盾しているように聞こえるかもしれませんが、自律した生徒は「分からない」「助けて」が言えます。自分に何が欠けているかを客観視し、クラスの中の適切な人を見極め、その人に頼ることができます。クラス全体を俯瞰して見る力があるので、協働作業の時にそれぞれの強みを生かそうとします。

　そして、「分からない」「助けて」が言えるためには、クラスが安全・安心の場になっていて、円環の（循環する）時間が流れていなければならないことも忘れてはなりません。動きながら、双方向性コミュニケーションをし、お互いの理解を深め、一人一人の良さを発揮できる教室をつくりましょう。

✅ 自己修正〜間違いを楽しもう

　最後に、パブリック・リレーションズにおける「自己修正」を教室に当てはめてみましょう。

　双方向性コミュニケーションを通して、お互いを理解するようになると、必要に応じて調整や変更が求められます。つまり目標を実現させるためにより良い方向に自分を修正していく必要が生じてきます。ここでいう「自己修正」は、表面的に相手に合わせる変更ではなく、目標と手段を何度も吟味し、より深いところで自らを変えていくことを意味します。

　「自己修正」を機能させていくには、自分の状況だけでなく、相手の状況もよく知っておくことが必要になります。そのために、「双方向性コミュニケーション」が重要になるのです。

　さらに、この「自己修正」は「倫理観」に支えられていなければなりません。会社であれば、たとえ法律に触れないからといって、むやみに市場や社会環境を混乱させることは、仮にそれによる目標達成が可能であっても、企業の社会的責任や持続的な繁栄を考えた場合、良い結果をもたらすことになりません。

　この「自己修正」を教室では次のようなルールにしました。

Everyone should enjoy making mistakes.
「みんなで間違いを楽しもう」

　「人間は神から自由意志を与えられている唯一の存在です。学びでも、人間関係づくりでも必ず間違うことがあるでしょう。間違いをして、初めて自己修正をするチャンスが生まれるのです。民主主義社会の重要性はここにあります。そこで、自らの自由意志において修正をすればいいのです」と井之上さんは著書等で述べています。これまでに紹介したパブリック・リレーションズにおける3つの観点を学校教育に当てはめると次のようになります。

　　「間違いを恐れず、まずは積極的に英語で双方向性コミュニケーションをし、『みんながハッピーかどうか』（倫理観）という観点で、自己を客観的に見ながら学び方や生徒同士の関わり方を修正する」

　英語の学習に限らず、人は学ぶときに必ず間違いをします。その間違いを正しいモデルと比較し、正しい方向に修正していけば成長につながります。例えば、発音を学ぶ場合でも、まずは生徒に発音させてみましょう。その後、モデルを聞かせて、間違いに気付かせ、修正する経験をさせるのです。初めて学ぶことは、失敗して当たり前です。失敗することは、できるようになる可能性があるということです。先生はよかれと思って、生徒が失敗しないように先回りして指導します。しかし、そのことで生徒が失敗を回避し、失敗から学ぶチャンスを奪っているともいえるのです。
　井之上さんは、右図のように「倫理観」はGPSのような機能を持つといいます。客観的に自分を捉え（メタ認知）、常に正しい方向への指針を示すのが「倫理観」なのです。教室でいえば、「みんながハッピーかどうか」「目標に向かって進んでいるか」ということになります。

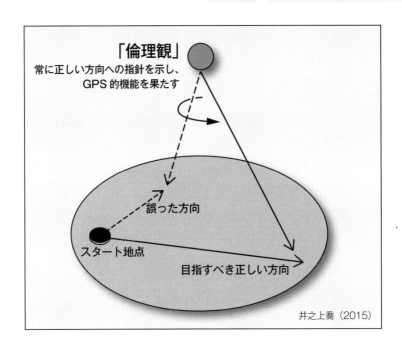

　リアルな社会でリレーションシップ・マネジメントを成功させるためには、「双方向性コミュニケーション」と「自己修正」と「倫理観」のどれもが重要になります。

　教室に当てはめた３つのルールもお互いに関与しながら、「倫理観」(お互いがハッピーかどうか)で俯瞰することで初めて、教室が安全・安心の場になり、自律型学習者が育つ環境になるのです。

　〈教室を安全・安心の場にする３つのルール〉
　Everyone should be happy.
　「みんながハッピーになろう」
　Everyone should listen, speak, read, write and help each other.
　「みんなで聞いて、話して、読んで、書こう、そして助け合おう」
　Everyone should enjoy making mistakes.
　「みんなで間違いを楽しもう」

✓ 多様性を感じ、認め合う集団をつくるために

　グローバル化するリアルな社会では、多様な文化や価値観が広がっています。そのような社会にこれから出ていく生徒たちにとって「多様性」は一つのキーワードです。生徒に多様性を感じさせ、目標に向かい協働していく経験をさせるには、教室の固定した座席をいかに崩していくかが鍵になります。固定した座席だと、人間関係が固定してしまいます。ですから僕の授業では、タスク（活動）ごとに席替えをします。下図のような表を使うと席替えが簡単にできます。

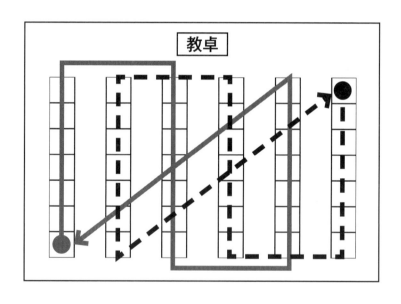

　しかし、席替えは、生徒にとって面倒な作業です。まずは、動きやすいように、その日に使う教材を明確にして、机上を整理させることが大切です。経験を積み重ねていく中で、「パートナーを変えて活動した方が楽しい」「異なるレベルのパートナーと活動することで、お互いの理解度を考えて活動できる」といった利点に気付いていくと、席替えがスムーズにできるようになります。タスクごとに席替えをすることが当たり前のこととして定着するまでは、数カ月かかります。席替えを通して、多様性を感じられるようにさま

ざまな活動を経験させましょう。

　そして、安心できる教室環境に重要なことの一つに「あいさつ」があります。タスクが終わったら、必ずお礼の言葉を言い合います。Thank you. と言われて嫌な気持ちになる人はいないでしょう。席替えのたびに Thank you. と言い合い、お互いが自然に笑顔になります。感謝の言葉は人間関係を驚くほど良くしていきます。

　最近では、アクティブ・ラーニングを意識してペアワークを授業に取り入れる先生も増えています。固定された席だと、1時間目から6時間目まで同じパートナーとペアワークをしなければならない状況も生まれてきます。もし、パートナーが自分と気の合わない人であったらどうでしょう。学校に来るのが嫌になっても不思議ではありません。

　席替えは、教室の人間関係を流動的に壊していきます。たとえ気が合わないと思っている相手とペアになっても、1つのタスクの時間は5分〜10分程度なので、活動の目標に向けお互いを尊重して活動することがそれほど難しくはありません。むしろ、タスクの終わりには Thank you. と言い合い笑顔になります。

　また、席替えで「できる」「できない」の差が埋まっていきます。「できる」生徒は「できない」生徒のために、英語を何度も言い換え、ジェスチャーや表情を豊かにし、伝えようとします。「できない」生徒は必死に「できる」生徒の表現をコピーします。多様なレベルの生徒が、席替えを繰り返していくことで、お互いに補い合い、差が埋まってくると考えます。

　さらに、席替えで「動く」という行為自体が、授業にメリハリを生み、生徒の集中力を持続させ、一つ一つの活動の質が上がります。単純になりがちなトレーニングなどの活動の質を上げることも学力の向上につながります。

　このようにクラスの多くの生徒と交流することで、教室内の関係者（ステークホルダー）の多様性を感じることができます。違っているから、学び合えることにも気付きます。席替えの数だけいろいろな意見に出会い、違うことが当たり前になるのです。その多様な集団の関係性を保っていくときに、パブリック・リレーションズのスキルが重要になってくるのです。

COLUMN 2
「自分に合った勉強法を探せてとてもためになっています」

　私が山本先生の授業を受けるようになったのは、高校１年生からです。最初は、中学まで受けていた英語の授業との差が気になりました。特に、単語や文法については、授業で一切教わらないので、本当に大丈夫かな、と心配に思ったこともありました。

　というのも実は、中学時代、英語はいちばんの苦手科目で、その原因はまさに単語や文法が分からないことにあったと感じていました。教科書の英文を見ても、単語も文法も分からないから読めない、と思い込んでいて、最初から読むことをあきらめていたように思います。当然面白くないし、試験勉強も嫌々やっていました。

　ところが、山本先生の授業を受けるようになってから、自然と英文の内容が分かるようになったんです。その結果、初めて英語を「楽しい」と思えるようになりました。心配していた単語や文法についても、授業を受けているうちに、なんとなく感覚でつかめてきた感じがします。以前はどんなに説明されても、ちんぷんかんぷんだったのに、とても不思議なのですが。まだまだ「英語が"得意"」と言えるレベルではありませんが、長い英作文なども書けるようになり、定期テストや模試でも、自信を持って解ける問題が増えたように感じています。

　自分なりに、それがどうしてかを考えてみたのですが、授業中に会話の練習をする中で、繰り返し教科書の本文を読んでいるので、自然と内容が頭に入っているのかな、と。例えば、授業中に教科書本文のパートごとの絵が描いてあるプリントが配られ、それを見ながら、ペアで互いに本文の内容を説明し合います。その活動が終わると今度は、ペアの相手に説明したことを思い出しながら、ノートに英文にまとめてみる練習をします。こんなふうに一つのレッスンで繰り返し教科書の本文に触れるので、気が付くと内容を覚えてしまっているので、定期試験に本文を要約する問題や、絵を見てその内容について書く問題が出ても、動じ

──東京都立武蔵高等学校・附属中学校　高校・1年C組　戸國 江梨

ことはありません。特にテスト前の授業では、ペアやグループでワークを解き合う活動を選ぶようにしていて、つまり、授業中にも関わらず、いわばみんなで出題予測を立てながら、テスト対策をしているような感じです。こうした活動を行う上では、「相手がいる」というのもとても重要かな、と思っています。自分一人だと適当になってしまいがちなのですが「ペアの相手のために、グループのメンバーのために、ちゃんとしなくちゃ悪い」と思うので、自然とサボらず真面目に取り組むようになるのです。

　さて、お話したように、この一年、山本先生には、単語や文法など具体的な項目は何も教えてもらっていません。しかし、確実に「教えてもらった」ことがあって、それは、単語から長文まで、英語のさまざまな「覚え方」や「学び方」についてです。例えば、単語を覚えるには、まず覚えたい単語を全部書き出して、次は、文字を見ずに意味や音だけを聞いて書いてみて、どれだけ覚えているかを確かめる。この2ステップをひたすら繰り返すという方法。長文を読むにときは、一人で読むのではなく、ペアで一緒に読んでいき、しかも、一人が読んだ文をもう一人が復唱するなど、さまざまな種類の読み方で何度も繰り返すという方法……。こんなふうに教えてもらった「覚え方」「学び方」の中から、自分に合った勉強法を探せて、とてもためになっています。そしてその多くが、教室の外で自分一人でもできるものなので、塾の宿題をやる時などにも生かせています。

　英語嫌いだった私が、英語を「楽しい」と思えるようになったなんて、奇跡のようです。山本先生に教えてもらった勉強法を上手に使いながら、"得意"を目指して頑張っていこうと思います。

第3章

「教えない授業」を始める

第3章では、「教えない授業」で生徒が自律型学習者になるために、「学び方」を手に入れる方法を具体的にお話しします。生徒が複数の「学び方」を手に入れたら、生徒自身が「学び方」を選択できる機会を与えましょう。授業の一部を生徒の選択に預けていくことが、「教えない授業」の第一歩です。さらに、誰もが自律型学習者に育っていく「魔法のノート」のフレームワークを紹介します。この章を通して、教えることを少しずつ手放して「教えない授業」を始めていきましょう。

✅ 自律型学習者を育てる「魔法のノート」

「英語のノート」はどのように指導されていますか？ 僕が中高生時代よく指示されていたのが、「ノートの左側に教科書の英文を丁寧に写しなさい」「ノートの右側に訳を書きなさい」「新出単語のリストを作りなさい」といったものでした。

この従来のノート作りは英文を理解する上では役に立ちますが、理解だけで終わってしまいます。また、英文を写し、日本語に訳すことに膨大な時間がかかります。

「教えない授業」でのノートのフレームは従来のノート作りとは違い、分かったことを図や絵、言葉でまとめ、自分で「問い」を立てて、自分なりの意見を書き込んでいきます。このフレームに沿って学んでいくと、思考の過程を記録し、自分の「問い」の答えを探しながら自然と自律的に学ぶことができるので、自律型学習者を育てる「魔法のノート」と呼んでいます。

レッスンの最後には「魔法のノート」を使って、学んだことや「問い」に対する自分の意見を英語で発表します（49ページ上の写真）。発表をすることで、「聞く」「話す」にもつながるので、4技能を育てる「魔法のノート」でもあります。

発表は、生徒同士で相互評価してもいいですし、ノートを写真に撮ってプロジェクターに投影して発表して、教師が評価してもいいでしょう。

第3章 「教えない授業」を始める

「魔法のノート」を使ってプレゼンテーションをしている様子（中1）

　実際の生徒のノートは下の写真のような感じです。「教えない授業」では、「学び方」として、このノートのフレームが自分で作れるようになることを目指します。

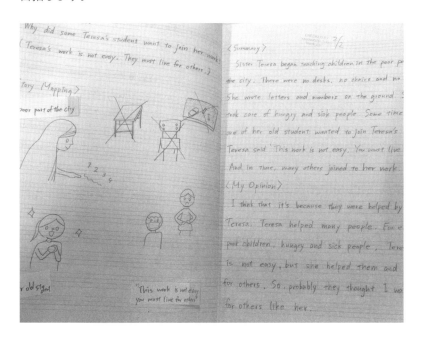

✅ 「魔法のノート」のフレーム

　前ページの写真のノートに何が書いてあるかを図式化します。このフレームはどの教科でも使えるフレームです。

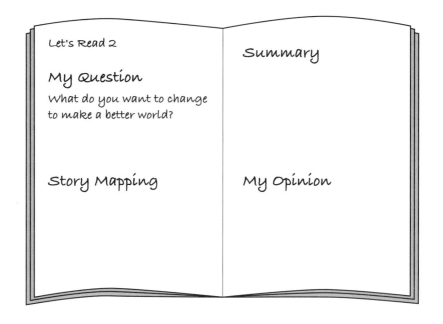

　まず、左上に扱うレッスンや章などのタイトルを書きます。最初の項目がMy Question（私の問い）です。授業を通して疑問に思ったことを「問い」にします。授業を受けながら「問い」を考えるので、最初は空欄にします。僕は、「問い」の例として「教師からの問い」（Big Question、66ページ参照）も示すので、思い付かない生徒はBig Questionをコピーしてもいいことにします。「問い」を思い付いたら、ここに書いていきます。それ以降生徒たちは、このMy Questionの答えを考えながら授業を受けていきます。

　次にStory Mappingですが、ここは理解したことを絵や図にして表し、視覚的に分かるようにデザインしていきます。キーワードや押さえたい表現を書き入れたいときは付箋を使います。付箋は後から外すことができるので、最終的に絵や図だけで内容を英語で表現できることを目指します。外した付

第3章 「教えない授業」を始める

箋は、違うページにまとめれば単語・表現リストにできるという利点もあります。

　Summary（要約）は、文字通り分かったことを文章でまとめます。授業で扱う物語や事象について、言葉で説明して分かるようにします。英語で書くので、初めはうまくできないかもしれません。そんなときは、教師が作成したSummaryのモデル英文を穴埋めにして、例を示すことから始めてもいいでしょう。

　最後にMy Opinion（私の意見）では、My Question（私の問い）に対する自分の考えを書きます。ここでは僕は通常、「OREO（Opinion / Reason / Example, Experience, Evidence, Explanation / Opinion）」の順で書くことを意識させます。OREOについては後述（86ページ）します。

　このノートのフレームを使うと、授業を受けながら生まれてきた「問い」をMy Questionに記入し、Story Mappingに分かったことを絵や図でまとめ、Summaryで言葉でも説明できるようになり、My Opinionに「問い」に対する自分の意見を整理することで自律した学びが自然にできるようになるのです。ノートを使って、お互いに意見交換したり、全体の前でプレゼンテーションしたりすることにつなげられます。「魔法のノート」は英語の4技能をフルに使うことにつながるフレームなのです。

　このノートは授業を受けながら少しずつ作成していきます。最初からMy Questionは書けないでしょう。多くの生徒は、My Questionを空欄にし、Story Mappingから始めます。さらにSummaryで文字でまとめながら理解を進める中で生まれてくる「問い」をMy Questionに書いていくわけです。「問い」は1つでなくて構いません。たくさん書いて、面白いと思ったものの答えをMy Opinionに書いていく形でも構いません。単元が終わる時にノートが完成し、ノートを使ってプレゼンテーションができることを目標にします。

　「魔法のノート」のフレームを使ったノート作成はすぐにできるものではありません。特に「問い」を立てたり、自分の意見を話したり、書いたりするのは苦手な生徒が多いのではないでしょうか。My QuestionやStory Mapping、Summary、My Opinionは、一度の授業で完璧に作ることを求

めるのではなく、年単位の長いスパンで繰り返し継続的に取り組んでいくことでノートの質を上げていくことが大切です。最初はうまく作れなくても、生徒がこのフレームワークを意識して授業を受けるようになります。常に「問い」を意識したり、分かったことを絵や言葉でアウトプットすることを意識したりすることで、主体的な学びにつながっていきます。

◎ "初めまして" の授業で

それでは、具体的な活動について話を進めていきましょう。まずは、「教えない授業」を目指す最初の"初めまして"の授業で、僕が実際に行っている活動を紹介しましょう。

最初の授業では左ページのような写真を見せて、僕の自己紹介をします。ただ、一方的にこちらから情報を与えるのではなく、次のように投げ掛け、まずペアやグループで写真について話し合ってもらいます。

〈「投げ掛け」の例〉
・What can you see in the pictures?
・Who can you see in the pictures?
・Can you find your favorite things or people in the pictures?
・Please tell me more about ….

次に、「問い」を作ってもらいます。写真から「問い」を作り、僕に投げ掛けていきます。生徒が「問い作り」に慣れていない場合は、ペアやグループで「問い作り」を行います。例えば次のような「問い」が考えられます。

〈「問い」の例〉
・Do you like musicals?
・What is that building in the picture?
・Is that your family?
・Why do you like American movies?

この後、クラスで「問い」を共有し、教師はそれらの「問い」に答えることで、自己紹介を進めていきます。自己紹介も一方的に情報を伝えるのではなく、生徒から出てきた「知りたい」「分かりたい」のやりとりを大切にしましょう。
　教師の自己紹介が終わったら、生徒自身にも、絵を描いて次ページのような自己紹介シートを作ってもらいます。これを使って、お互いに質問をしながら自己紹介を進めていく活動につなげます。

　A４の白い紙、あるいはノートの１見開きを４分割します。左上のフレームには、自分の名前を漢字で書きます。漢字は意味を持っているので、名前が漢字であれば、意味など、名前についてもさまざまな問いが生まれます。

　残り３つのフレームには自分の好きなものや人を描きます。自己紹介に使うので、大きくシンプルに描かせます。描く時間は３分程度で、素早く取り組ませます。時間がきたら、まだ終わっていない生徒がいても、切り上げさせ、できた絵を使って活動するようにさせます。移動時間を意識して取り組むことが Time-management の一歩です。

　まず、ペアを作り、絵を見せ合って、相手の名前や絵について「問い」を作っていきます。次の例のように、Yes-No Question と Wh-Question を作るようにアドバイスすると相手も答えやすくなると伝えます。お互いに相手にどんどん質問することで、自己紹介活動を進めていきます。

　　　〈上の自己紹介シートを元にした「問い」
　　　（Yes-No Question と Wh-Question）の例〉
　　　・Do you like your first name? / Who named you?

- Do you play soccer? / How long have you played soccer?
- Do you like sushi? / When do you eat sushi?
- Do you have a dog? / What is its name?

　この活動を通して、生徒たちは「教えない授業」で大切な二つの活動を経験します。
　一つは、絵を描くこと。「教えない授業」では、教科書の内容など分かったことを絵や図で表し、それを表現する場面がたくさんあります。絵は上手でなくても、表現して伝える楽しみを経験させましょう。
　もう一つは、「問い」を作ることです。「教えない授業」では「問い」作りはとても重要です。自ら「問い」を持ち、それに自分なりに答えていくことが、一つの明確な学びの目標になるからです。目標があると、それに向かって自律して学ぶことが可能になります。
　これらは「魔法のノート」の My Question や Story Mapping につながる活動です。
　"初めまして"の授業では、単に自己紹介だけで終わらせず、今後の授業の予告編の要素が入るように計画するといいでしょう。最初の１時間だけでは十分に自己紹介し合うことができないので、次の時間も自己紹介に使います。「絵や写真でいっぱいにしてきていいよ」と言って、さらに新しい紙を１枚渡してもいいでしょう。教師も生徒の意外な一面を知ることができるので、この方法はお勧めです。

✓ 教科書の学び方

　それでは、実際に教科書を使った授業に移っていきます。教科書をどう教えるかは先生によってさまざまですが、僕が意識しているのは、「リアルな社会での英語の使用」に、「教科書の学び」を近づけるということです。生徒の将来を思い描いたとき、例えば英語を道具として駆使し、情報を得るために英字新聞などを読み進め、自分の意見を発信する姿が想像できます。近い未来では、入試問題に向かっている姿も浮かんできます。どちらも、そこ

には丁寧に導入や指導をしてくれる教師はいません。生徒には、いつか自分の力で、それぞれの目的・目標に向かって英語を「読む」ときが訪れます。そこに、教科書の学習をつなげましょう。

　例えば、英字新聞を読むとき、まず目にするのは、写真です。写真から記事の内容を想像します。興味を引くものであれば、記事を読み始めます。興味の度合いに応じて、ざっと読んだり、じっくり読んだり読み方を変えるでしょう。単語が分からなければ辞書を引くでしょうし、文法が分からなければ、文法書を調べたり、誰かに聞いたりするでしょう。さらに、分かったことを誰かに話したり、SNSで書いたりして伝えるのではないでしょうか。

　これを教室での教科書の学びに当てはめると次のようになります。「学び方」内の＜　＞に入れてある活動方法については後述します。

リアルな社会での英語の使い方	「教えない授業」での教科書の学び方
英字新聞の写真から内容を想像する	教科書の挿絵や写真から内容を推測する ＜Guesswork＞
ざっと内容に目を通す	ざっと内容に目を通す／全体を聞く ＜Fireplace Reading / Eye Shadowing (Silent Shadowing)＞
じっくりと読む 分からないところは調べる	じっくりと読む ＜Intensive Reading＞ 分からないところは調べる 分かるようになるようトレーニングする ＜Sight Translation＞
疑問を持つ	「問い」を立てる ＜Question Making / My Question＞
疑問に対する意見を持つ	「問い」に対する意見を持つ ＜My Opinion＞
分かったことを誰かに伝える	分かったことをノートにまとめ、発表する ＜魔法のノート Story Mapping / Oral Presentation＞

まず、教科書の絵や写真を使って Guesswork を行い、内容を推測します。次に、本文の内容をざっと読んだり（Fireplace Reading）、全体をリスニング（Eye Shadowing [Silent Shadowing]）したりします。最初は、全体を完璧に理解することができない経験をさせます。

最初に「分からない」を経験させることで、トレーニング後の「分かる」につながります。僕の授業では Sight Translation シートというワークシートを使ってトレーニングしますが、活動後にもう一度、読んだり、聞いたりする活動を取り入れると生徒は成長を実感できます。「できないこと」は可能性であり、努力することで自分の能力を伸ばすことができる体験を積み重ねることで、生徒のモチベーションを育て主体的な学びにつながります。

学びの過程で、疑問に思ったことを「問い」（My Question）にし、分かったことを絵や図でまとめ（Story Mapping）、最後に「問い」に対する自分の意見（My Opinion）をまとめます。これを先ほど紹介した「魔法のノート」のフレームワークに落としていきます。

最後に、「魔法のノート」を使って、学んだことを絵や図を使って英語で要約し、自分の「問い」（My Question）を投げ掛け、自分なりの意見（My Opinion）を、英語でプレゼンテーション（Oral Presentation）をします。

以上が、「教えない授業」での教科書の学びの手順になります。

では、それぞれの活動について、もう少し詳しく述べていきましょう。

✓ 教科書の絵から内容を推測する Guesswork

まず、教科書の絵や写真を取り出し、ワークシートを作ります。教科書の絵や写真をスマートフォンやデジタルカメラで撮影すれば簡単にデジタル化できます。トリミングして整えたら、Word や PowerPoint に貼り付けて教材にしていきます。最近の教科書付属の CD-ROM などには、すでに補助教材でイラストがデータで用意されていることも多いので、これらを利用すれば簡単にワークシートを作成できます。

例えば、教科書に次ページのようなイラストがあれば、59 ページのようなワークシートを作成します。

　これらの絵を使いながら生徒は内容を想像します。最初に1分程度各自で考える時間を与えた上で、ペアで絵を見ながら、お互いに次のような質問をし合って、想像力を高めていきます。

　　〈「質問」の例〉
　　・Who/What can you see in the pictures?
　　・Do you know anything about ... ?
　　・What is this man / this woman doing?
　　・What is going to happen next?
　　・What do you think the topic is? / What is the topic?

第3章 「教えない授業」を始める

〈「ワークシート」(Picture シート) の例〉

Picture Sheet　　　　　Class____No.____Name_____

Who/What can you see in the picture?

What is he/she doing?

Do you know anything about …?

What is going to happen next?

What do you think the topic is?

58ページの質問例は、どのような絵にも当てはまる質問例です。中学1年生など低学年の授業の場合など、質問文を出すのが難しい生徒に対しては、これらの質問文の例を、スライドに出す、59ページに示したようにワークシートに入れておくなどしてあげると手助けになるでしょう。ただしこの場合、教師からキーワードは与えないようにしましょう。絵から想像を膨らませ自由に描写させるようにしましょう。

　このような想像力を必要とする活動は、席替えを繰り返して、ペアを替えて複数回行うと、さまざまな考えを聞くことで少しずつアイデアが広がっていきます。

　絵を英語で描写し、考えを述べることは、最近の大学入試でも出題されている絵の描写問題の対策にもなります。

　2015年の東京大学の問題は、下の絵の人が直面した状況を説明して、自分が感じたことを書けという問題でした。

　2016年は、次のページのような不思議な写真でした。猫のような動物を指でつまもうとするような写真です。想像力と英語での描写力が求められます。

第3章 「教えない授業」を始める

　また、英検など民間の英語4技能試験でも絵や写真を英語で描写する問題が出題されています。絵や写真を見て英語で話したり、書いたりする力は入試でも求められていることは前述した通りです。

✅ 絵を英語で表現するためのトレーニング

　とはいえ、絵を英語で描写することは簡単ではありません。絵を描写するためのトレーニングをいくつか紹介します。

民間の英語検定試験の問題を利用する

　英検など民間の英語検定試験には、絵を見て描写する問題を出題するものもあるので、そのようなタイプの試験問題集などを活用することができます。

攻略ポイント ❸ **Stage 4 の質問 5 パターンと返答の仕方**

　問題カードは、上半分に、音読用の文章 (The passage)、そして下半分にイラストがある構成になっています。

問題カードのサンプル

『完全攻略！ 英検3級』(Evine 著、上田春樹イラスト、アルク、2017 年)

🌸 幼児用の間違い探しの絵を利用する

　ペアAとペアBに異なる絵を渡し、絵を英語で描写しながら違いを発見させる活動です。子ども向けの本など書店で探してみるとよいでしょう。

　ここでは全員立って活動をスタートさせ、違いを全て見つけて描写できたペアから座らせます。活動は時間で区切り、早く終わったペアを指名し、クラス全体の前で発表させると上手な表現を引き出せるでしょう。

第3章 「教えない授業」を始める

『子ども英語』2011年11月号 pp.52-53「おもしろ絵であそぼう！」
（わだことみ問題作成、川上潤イラスト、アルク）

✓ 教科書の内容をざっくりと読む・聞く
Fireplace Reading / Eye Shadowing

1. Fireplace Reading

　Fireplace Readingはリラックスして読むことを楽しみながら、英文の内容をざっとつかんでいく活動です。暖炉（fireplace）の前でくつろいで読書をしているイメージです。

　まずは、自分だけの力で読んでみて、その後にペアで、分かったことや分からないこと、興味を持ったことなどを意見交換します。

　Fireplace Readingを行う際には、次の3つに留意してください。

（1）読んだ後に情報をペアでシェアすることをあらかじめ伝える
読む動機に「隣の人に情報をシェアするため」という利他的な観点が入ります。この「誰かのために」活動することが、生徒の承認欲求を刺激しモチベーションを高めていきます。

（2）全て理解する必要はないことを伝える

分からないことがあって当たり前。分からないことを分かるようにするために学ぶという意識を育てましょう。「分からないところは分かるようになる可能性にあふれているということだ」「自分には伸びしろがあるのだ」と生徒が前向きに捉えられるような声掛けをしましょう。

（3）辞書を使わせない

辞書を使わないで読むことは、100パーセント理解できなくても読み続ける"ambiguity tolerance"（あいまいさ耐性）を育てます。1カ所にとどまらず、読み進めることで分かってくることもあります。まずは全体に目を通して、おぼろげながら全体のストーリーが見えてくる経験をさせましょう。

　　Fireplace Readingの活動は、将来生徒たちが入試問題やリアルな社会でさまざまな英文に出合ったとき、最後まで諦めずに読み切る力を高めます。入試やリアルな社会では、未知の語彙を丁寧に導入してくれる先生はいません。分かりやすく解説してくれるワークシートもありません。

　ですから、教科書で初めて読む英文を何のガイドも無しに読ませ、分からない経験をあえてさせるのです。その際の読む分量や速度は、教科書の音声CDに入っている音読の収録時間を目安にするといいでしょう。1トラック分の英文であれば、そのトラックの収録時間を目安に読ませてみます。

　クラスの達成度を教師が理解するためには次のように指示するといいでしょう。Fireplace Readingの1回目は教科書を手に持って行わせます。最後まで目を通したら、教科書を机に置いて2回目をじっくり読み始めるようにします。こうすれば、教科書を寝かせて読んでいる生徒は最後まで目を通した生徒だと一目で分かるようになります。時間はあくまで目安で、クラスのレベルに応じて時間を調整することが大切です。

　このようにして、まず自力で読んでみる経験を積ませることで、初見の英文に対するハードルが下がっていきます。

2. Eye Shadowing

　Eye Shadowing は Silent Shadowing と呼んでもよいですが、音声 CD を使って、生徒は指でなぞりながら本文を聞いていく活動です。シャドーイングというと、通常は、音声の後から少し遅れて声を出していく方法ですが、Eye Shadowing は声を出さないシャドーイングです。声を出す代わりに指で音声に合わせて英文をなぞりながら目で追っていきます。

　ここで、音声を聞かせる理由は、次の２つです。

（１）全員最後まで本文に目を通す
Fireplace Reading で、最後まで読めなかったとしても、ここで音声を聞きながら英文を指でなぞっていくことで、全員が英文の最後まで目を通すことになります。

（２）音と文字を一致させ音読のイメージを持つ
聞こえてきた音と指でなぞる文字を一致させていくことで、文字と音のイメージを一致させます。はっきりと指で指すことで脳に認識させることができるのです。また、お手本となる音声を聞くことで、自分が発話する際のイメージにもなります。

　Eye Shadowing は声に出すシャドーイングよりハードルが低い活動です。ここでは、音を聞くという１技能に集中させましょう。

　Fireplace Reading や Eye Shadowing では、完璧には「読めない」「聞き取れない」という体験をします。先ほども述べた通り、この「できない」ことはポテンシャルであることを伝えましょう。

　大切なのは、「できない」が「できる」に変化することを実感させることです。これから紹介するトレーニングを行った後、もう一度 Fireplace Reading や Eye Shadowing をすると、「読める！」「聞き取れる！」に変化します。トレーニング前と後を比較し、分かるところが増えることを実感させると、学びのモチベーションにつながります。

✅ 教師からの問い Big Question

　生徒はレッスンを学びながら My Question を作成しますが、教師からも「問い」を投げ掛けましょう。教師からレッスンのテーマに合った Open-Ended Question（答えが1つとは限らない質問）を出します。これを Big Question と呼んでいます。教師が Big Question を作るメリットとしては、My Question を考えつかない生徒のモデルになること。また、SDGs などの社会課題に意図的につなげる問いを作ることができるといった点が挙げられます。生徒は答えを考えながら、授業を受けます。

　　〈「問い」の例〉
　　・What kind of person are you?
　　・What is a good self introduction?
　　・What would your ideal school be like?
　　・What do you want to do to make the world a better place?
　　・What should we do to reduce food waste?
　　・Is discovery always a good thing?

✅ じっくりと読む Intensive Reading

　Big Question や My Question の答えを意識しながら、しっかり読んでいきます。2つトレーニング方法を紹介します。

❀ 1. Jigsaw Reading
　レッスンの内容を4分割して壁に張ります。4人組のグループで、それぞれが1カ所を担当し、読んだ内容をグループでシェアする方法です。ここでは辞書は使いません。グループで異なる情報をジグソーパズルのピースのように寄せ集め、全体像を理解していくのでジグソー法と呼ばれます。
　ジグソー法は社会心理学者のエリオット・アロンソン（Elliot Aronson）が1970年代に考案した授業方法です。アロンソンは当時の米国社会にお

ける競争主義や差別問題に向き合い、教育現場にそれらを持ち込むことなく生徒が互いに協働的に関わっていく授業形態の必要性を感じていました。そこで考案したのがジグソー法です。

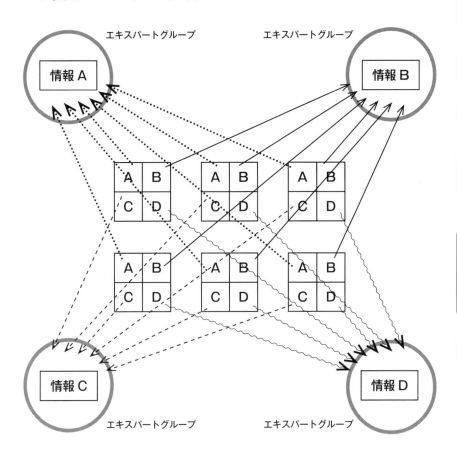

　図では、情報Ａ、情報Ｂ、情報Ｃ、情報Ｄを集めると１つのまとまった概念を理解できるようになっています。

　それぞれの担当者でできる新たなグループをエキスパートグループと呼びます。それぞれの情報の専門家になるという意味です。

　例えば、地球温暖化についての英文を４分割したものを教室の４カ所に張ります。４人組のグループで担当を決め、それぞれを読みに行き、分割し

た内容についてエキスパートグループで理解を深めます。この時、分からないことがあれば教え合って助け合います。エキスパートグループで理解が深まったら、元のグループに戻り、情報交換をします。4つの情報を合わせて、最終的に地球温暖化についての全体像が分かる仕掛けです。

この活動を通して、生徒は以下の教訓を学ぶとアロンソンは言います。

> 1．グループの中では、誰もが他者の助け無しではよく学べない。
> 2．それぞれのメンバーは独自のそして不可欠な貢献をすることができる。

これらは実は社会で働くことに通じることです。ですから、ジグソー法は教室の学びを社会につなげる活動であるといえます。それぞれのレベルで得られる情報は違いますが、たとえ1文でも得られた情報をシェアすることで感謝が生まれ、生徒のリレーションシップも良くなっていきます。Fireplace Reading で「ざっと読む」ことから、「誰かに伝えるためにしっかり読む」読み方へと自然に変わっていきます。

2. Read and Draw

ここでは辞書を使って、全体をしっかり理解することを目指します。個人で読む活動は単調になりがちなので、絵や図を描きながら読ませると集中して取り組めます。「魔法のノート」の Story Mapping の下書きを作る段階とイメージしていただけるとよいでしょう。

絵が苦手な生徒にはキーワードでまとめさせる方法も提示しましょう。気になるキーワードを付箋に書いていきます。ノートに貼っていき、ある程度まとまったら、矢印で関連付けたり、カテゴリーで分けたりして情報を整理していきます。

絵を描くことがマンネリ化してきたら、ブロック玩具や折り紙を使って表現させてもいいでしょう。

いずれも、出来上がったものを使って英語で説明し合うとさらに理解が深まります。

第3章 「教えない授業」を始める

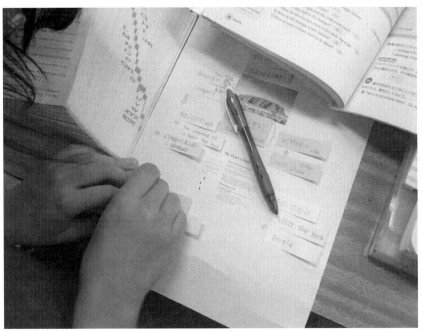

付箋を使ってキーワードをまとめている様子

✅ 英文が分かるようになるトレーニングをする
Sight Translation

　Sight Translation とは、英文を意味のまとまり（チャンク）ごとにスラッシュ（/）を入れて区切り、対応する日本語を併記し、意味を取りやすくしたものです。和訳とは異なり、文頭から英語の語順で意味を捉えることができます。また、意味のまとまりで理解していくことで、英文を読むスピードがアップし、速読にもつながります。

　次の例のように、左側に意味のまとまりごとに改行した英語、右側にその日本語訳を並べたワークシート「Sight Translation シート」を使います。

＜ Sight Translation シートの例＞

Sight Translation Sheet

Running a Marathon 「マラソンを走ること」

If you ever attempt / もしあなたが試みるなら
to run a full marathon (42.195 kilometers), / フルマラソン（42.195 キロメートル）を走ってみようと
it is important / 大切である
to train properly / 適切なトレーニングをすることが
before the race. // 競技の前に。
It takes many months of dedicated running / 何カ月もの懸命な走り込みが必要だ
to build up the strength and stamina / 力とスタミナをつけるためには、
necessary to make it to the end. // 完走するために必要な。
It is a good idea / いいことだ
to find someone / 人を見つけるのは
to run with. // 一緒に走ってくれる。
That helps to motivate you / それはあなたを～する気にさせてくれる
to run in the rain and in the cold. // 雨のときでも寒いときでも走る。
But you should be careful / しかし、注意しなくてはならない
not to run too much. // 走り過ぎないように。
Rest days are just / 休息日は
as important for your muscles / あなたの筋肉にとって大切なのだ
as training days. // トレーニングの日と同じくらい。
Always remember to enjoy yourself / つねに楽しむことを忘れないようにしよう
because, ultimately, you are running the race / なぜならば、結局のところ、あなたは競技に出るのだから
to have a good time. // 楽しむために。
It is not an easy goal / それは、たやすい目標ではない
to achieve, / やり遂げるのが、
but if you make it to the finish line, / しかし、もしゴールまで完走できれば、
you will feel a tremendous sense of accomplishment. // あなたはものすごい達成感を感じることができるだろう。

この Sight Translation シートを使ったトレーニング法を8種類紹介します。どの方法も、まずは、先生がやり方を指導し、慣れ親しんだら生徒同士のペアワークでトレーニングをさせましょう。

1. Story Mapping

　Read and Draw の要領で、ストーリーを図式化して「魔法のノート」に描いていく活動です。Sight Translation シートを使って、理解したことをノートなどに絵や図式にしていきます。英語の内容をイメージ化して理解していくことは、最終的に日本語訳を介さずに英語を英語のままで理解していくことにつながります。絵が苦手な生徒でも丸と線なら誰でも描けます。最終的には、ここで描いた絵を英語で説明できることが目標になります。68 ページの Read and Draw で紹介したように、付箋を使ってまとめてもいいでしょう。Read and Draw と違って、Sight Translation シートでは意味の分からない箇所をシート右側の日本語ですぐに確認できるので、短時間でできる活動です。

　これは、「魔法のノート」のフレームの Story Mapping につながる活動です。

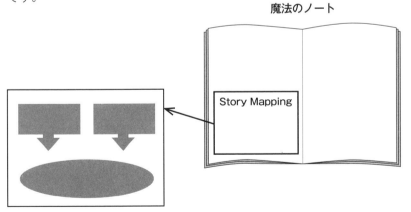

2. Small Teachers

　ペアで活動します。ペアAが先生役となり、一行ごとにモデルリーディングをします。ペアBは生徒役として、ペアAの発話を、お互いにシート

の英文を見ながら繰り返します。発音が分からない単語があったとしても先生役は想像して発音します。僕の授業で大切にしているルールの一つ、Enjoy making mistakes. を体感する時間です。

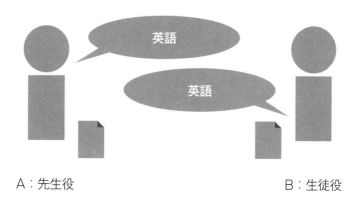

A：先生役　　　　　　　　　　　　B：生徒役

　よく、「間違えた発音が定着してしまったらどうするのか」という質問を受けますが、もし一度や二度の発話で発音が定着したのなら、発音指導はとても楽なはずです。むしろ、間違える経験、間違えた発音を誰かに聞かれる経験から、学ぶことはたくさんあります。"Enjoy making mistakes." と言ってリラックスさせて取り組ませましょう。

　発音指導には、この Small Teachers の活動の後に、もう一度 Eye Shadowing をし、モデルの音声を聞かせるとよいでしょう。自分たちの発音とモデルの発音の違いを聞かせるとさまざまな発見をします。スマートフォンやタブレットを教室で使える場合は、英語での音声入力などにも挑戦させましょう。

　なかなか発音が認識されない場合は、口の形や舌の位置に問題がある場合が多いので、この時、鏡などを使って、自分の口の形や舌の位置を確認するように指導すると効果的です。初めから一方的にルールを教えるのではなく、生徒が必要だと感じたときに教えることが効果的です。

3. Two-One Method

Two-One Method は Callan Method（カランメソッド）にヒントを得て作った活動です。Callan Method とは、1960年代に英国の英語学校の講師をしていたロビン・カラン（Robin Callan）氏が作り出した英会話教授法です。その特徴は、相手の質問に対して反射的に答える訓練を繰り返すというものです。具体的には質問が2回読まれ、それに対する応答がスラスラ言えるようになるまで、同じ質問を繰り返します。日本語で考える間を与えず行います。

この方法を、Sight Translation のトレーニングに応用したのが Two-One Method です。Two-One Method では質問文ではありませんが、2回相手の英語を聞いて、英文を見ないで1回リピートします。

シートの英語（チャンクまたは一文）を先生役のペアAが2回読みます。生徒役のペアBは、何も見ずにペアAが発した英文を1回繰り返します。相手が発話に詰まったら、ペアAがすかさず次の単語を言って援助します。ペアBがスラスラ言えるようになるまで、繰り返し行います。

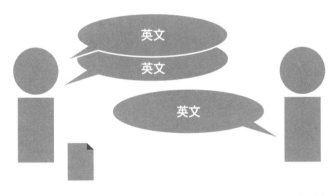

A：先生役　　　　　　　　　　　B：生徒役

Callan Method 本来の「先生の質問に瞬時に答える」という形ではありませんが、相手の言葉を集中して聞き、反射的に反応するという Callan Method のいいところを取り入れた活動です。先生役と生徒役を交代しながら行います。

4. Quick Response（英語→日本語／日本語→英語）

「通訳トレーニング」とも呼んでいます。ペアの一方が先生役となり英文を読み上げ、もう一方の生徒は生徒役としてそれを瞬時に日本語にしていきます。日本語から英文へも同じように行います。

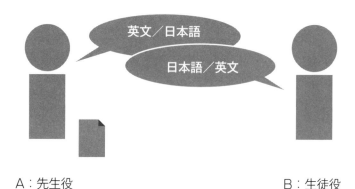

A：先生役　　　　　　　　　　　　　　　B：生徒役

お互いに英文を集中して聞く訓練になり、自分で発話する練習にもなります。また瞬時に訳を言うので、語彙の定着度も分かります。ただ、ここでの留意点としては、学んでいる教科書の英文を頭から追っていくただの暗記にならないように、文をランダムに出題させるなどの工夫が必要です。あくまでも聞いた英文（または日本語）をしっかりイメージ化し、日本語（または英文）にしていくプロセスが大切です。

5. Back Translation（英語→日本語→英語）

ペアAがシートの英文を読みます。ペアBは、それを日本語に素早く直します。ペアAはその日本語を今度はシートを見ないでもう一度英語に直します。ペアBが言えないときは先生役であるペアAがシートを見ながらヒントを出しても構いません。ペアAが言えないときは、自分でシートを確認します。これもお互いがスラスラ言えるまで、先生役と生徒役を繰り返します。

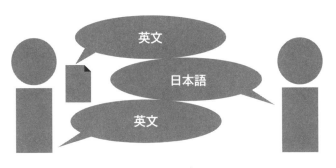

A：先生役　　　　　　　　　　　B：生徒役

6. Read and Look Up

　シートの英文を一行ずつ顔を上げて読むトレーニングです。ペアAが、Read!と言ったら、ペアBは英文一行（一文）を黙読して頭に入れます。ペアAのLook up!の声でペアBは顔を上げ、必ずアイコンタクトをします。ペアAのSay it!の指示で、ペアBが顔を上げたまま頭に入れた英文を声に出します。覚えてから声に出す、の繰り返しで、英文が定着します。

A：先生役　　　　　　　　　　　B：生徒役

　シートから顔を上げて読む様子が、ニュース原稿を読むアナウンサーのような感じなので、Look up!とSay it!と言われて声に出すときは、アナウンサーの読み方をイメージするといいでしょう。

7. Dictation

ペアAが一行ずつ英文を読み上げます。ペアBは、聞こえた英語をノートなどに英語で書いていきます。書き取れないときは、繰り返し読んでもらいます。一字一句書き取れたら、お互いにスペルなどをチェックしながら進めていきます。音読を、書くことにつなげる活動です。

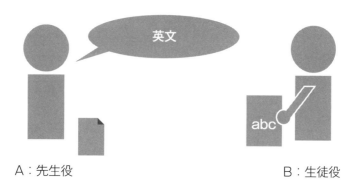

A：先生役　　　　　　　　　　　　B：生徒役

8. Listen and Draw

Dictation は聞こえた英文を書き取っていきますが、これは英文ではなく絵で表現する活動です。ペアAが一行ずつ英文を読み上げます。ペアBは聞こえた英語のイメージをノートなどに絵にしていきます。

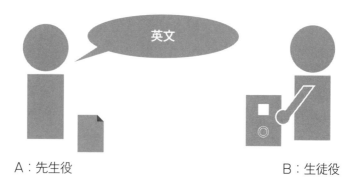

A：先生役　　　　　　　　　　　　B：生徒役

日本語を介さず英語をイメージ化していくトレーニングで、「魔法のノート」の Story Mapping につながる活動です。

✿ [適宜]Shadowing Check

　シャドーイングをお互いにチェックすることで実際に発音の修正をする機会を適宜与えましょう。Sight Translation シートを使った活動では、ペアでリピートしたり、聞いた英語のディクテーションをしたりと、モデルになる英語が生徒によるものになる場合が多くあります。適宜、シャドーイングをして、発音を常に修正して精度を高めていくことが重要になります。最後に記載しましたが、このトレーニングは最後にやる活動というわけではありません。活動の様子をよく観察し、適宜行いましょう。

　Shadowing Check は、まずペアで片方がシャドーイングに挑戦します。シャドーイングとは、モデル音声から少し遅れて音読をし、音を聞きながら発音をまねていく活動です。もう片方には、「パートナーがどれだけそっくりにシャドーイングしているかチェックしよう」と投げ掛け、パートナーの英語をチェックさせます。終わった後、「そっくり度」をフィードバックさせましょう。

　交代で行い、最後に全員でシャドーイングをします。一度に全員でシャドーイングするより３倍の時間がかかりますが、「相手に聞かせる」ことを意識するので、集中力や効果が高くなります。

　これらのトレーニングはまず、教師対生徒で行って活動に慣れさせ、その後ペアでさせるといいでしょう。最初のうちは、先生役と生徒役が交代でできるよう適宜合図します。慣れてきたら生徒に交代のタイミングも任せます。

　それぞれの活動に慣れたら、最終的には、トレーニング方法のリストを次ページで示すようなスライドにして黒板などに表示しておき、自由に活動させます。活動時間だけを口頭で伝えたり板書したりして指示し、活動内容はペアで決めさせるといいでしょう。そうすることで自分が選んだ活動に責任を持って行うようになります。選ぶことは自律した学習につながっていくのです。

　ここでもペアを固定せず、席替えを繰り返しながらペアを替えて活動させることが重要です。ペアも変えることで、その時のペアによってさまざまな方法に挑戦するようになります。

〈スライドの例〉

Sight Translation Sheet

1　Story Mapping
2　Small Teachers (E → E)
3　Two-One Method (E×2 → E*)
4　Quick Response (E → J*/J → E*)
5　Back Translation (E → J* → E*)
6　Read and Look Up
7　Dictation (E → Writing)
8　Listen and Draw (E → Drawing)

E = English
J = Japanese
*=without paper

✅ 「問い」を立てる
Question Making / My Question

　Question Making は生徒が自ら学習内容（教科書本文）に関する問いを作り出す活動です。「魔法のノート」の My Question につながる活動です。

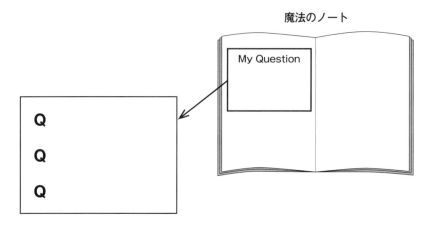

第3章 「教えない授業」を始める

　学年が進むにつれ、生徒は授業やテストで「問われる」経験を積んでいきます。その中で、どのような問いが面白いか、あるいは、能動的に学べるかという経験を持っています。これらの経験を問い作りにつなげさせましょう。

　Question Making で自ら「問い」を作ることに慣れてくると、文を読むときに無意識に「問い作り」を意識するようになります。やがては、「本文に書いてあることは本当だろうか」「別の見方がないだろうか」という批判的な問いが出てくるようになります。これは、物事をうのみにせず批判的に考えることができるクリティカル・シンキング（批判的思考）をする力を育てていきます。

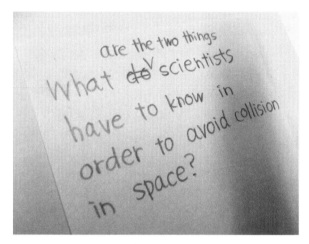

　批判というと、日本では単に反対したり否定したりする意見を連想しがちですが、情報や自分の思考過程をうのみにせず、じっくり考え論拠を持った上でその時点での最適解を出していく、とてもポジティブな考え方です。

　また、クリティカル・シンキングは情報過多なインターネット社会で、情報の真偽を判断していくのに大切なスキルでもあります。インターネットの情報を見ながら、「疑う問い」を立てていく習慣は大切です。

✿ Question Making の手順

（1）該当箇所の復習

　Question Making をさせたい箇所を復習します。短時間で全体に目を通させるには Eye Shadowing が効果的です。その際、問い作りに使いたい箇所に鉛筆で印を付けさせると、Question Making にスムーズにつながります。

（2）Think-Pair-Share の手順で問い作りから問いのシェアへ

　Think-Pair-Share とは、一人で考えた後、ペアになり、考えたことを意見交換や共有する活動のことで、ペアで作業した後、より大きなグループで意見交換したり、議論したりすることもあります。自分の意見をしっかり持ってから他者と議論に進むので、アクティブ・ラーニングの代表的なグループ技法です。ここではこの手順に沿って問い作りを進めていきます。

　英語の問いが書ける大きさの付箋を用意します。まずは、自分で問い作りを始めます（Think）。しかし、いきなり問いを作れと言われても難しく感じ、戸惑う生徒もいることでしょう。そこで大切になるのが、生徒自身の「問われた経験」です。これまでどんな問いがあって、どのような問いが面白かったかを思い出させましょう。生徒たちがなかなか思い出せない場合は、教科書にはタスクとして問いが書かれているので、その問いを参考にさせてもよいでしょう。付箋には問いと一緒に自分の名前を書いておきます。

　ある程度問いができたら、パートナーと付箋を見せ合いながら意見交換をします（Pair）。

　その後、4人組のグループを作って、グループごとに問いを共有してまとめていきます（Share）。大きめの紙（A3 のコピー用紙や画用紙、模造紙など）に問いの種類を次のように分類しながら貼っていきます。

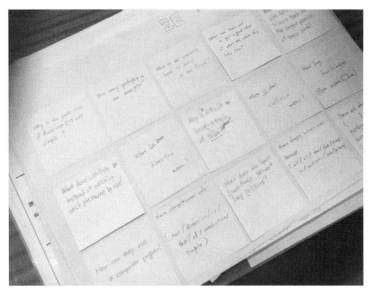
1枚の付箋に1つの問いを書いて種類ごとにまとめる

「問い」の種類
①内容を問う「問い」
（1）Yes-No Question
　　　Yes/Noで答えられる「閉じた問い」
（2）Wh-Question
　　　What「何」、Who「誰」、When「いつ」、Where「どこ」、
　　　How「どうやって」、Why「なぜ」を使った
　　　答えがおおむね1つになる「閉じた問い」
（3）Open-Ended Question
　　　答えが1つにならない「開いた問い」
②単語の意味や文法など英語の知識を問う「問い」

　Open-Ended Question の例として、『Q：Skills for Success』（Oxford University Press, USA, 2014年）という英語学習のワークブックにある「問い」を紹介します。この本の特徴は、収録されているリーディング素材のタイトルが思考力を刺激する「問い」の形になっていることです。

同書には、例えば次のような問いが並びます。
・Why is vacation important?「なぜ休暇は大切なのですか？」
・What makes you laugh?「何にあなたは笑いますか？」
・Is it ever OK to lie?「嘘をつくのはいいことですか？」
・What makes you want to buy something?「どんなときにモノを買いたくなりますか？」
・What happens when a language disappears?「言語がなくなったら何が起こりますか？」
・How can we turn trash into treasure?「どうやってゴミを宝に変えることができますか？」

　『Q：Skills for Success』にはこうした「開かれた問い」の答えを考えることで探究心を刺激し、積極的に英語を読んだり、話したりする仕掛けがしてあります。どれも簡単には答えられない「問い」です。

　また、入試問題も参考になります。以下は、米国のオックスフォード大学、英国のケンブリッジ大学の入試問題からです。

・If you could go back in time to any period of history, when would it be and why?　　　　　　　　　　　　　　　—Law, Oxford
・Are you cool?　　　—Philosophy, Politics and Economics, Oxford
・Should someone sell their kidney?　　　　—Medicine, Cambridge
・Can history stop the next war?　　　　　　—History, Cambridge
・What books are bad for you?　　　　　　　—English, Cambridge
・What does it mean to be happy?
　　　　　　　　　　—Philosophy and Modern Languages, Oxford
・How would you describe an apple?
　　　　　　　　　　—Social and Political Science, Cambridge
・Why is there salt in the sea?　　　　　—Biochemistry, Cambridge
・Are there too many people in the world?　—Human Science, Oxford
・How would you describe a human to a person from Mars?
　　　　　　　　　　　　　　　　　　　　—Medicine, Cambridge

(John Farndon(2010), Do You Think You're Clever?: The Oxford and Cambridge Questions, Icon Books)

　「share」の段階では、文法的な間違いを訂正し合ったり、問いの種類のバランスを整えたりしていきます。4人のアイデアをシェアするだけでもかなり多様な問いが生まれてきます。

問いの解き合い

　グループの問いを1枚の紙にまとめることができたら、今度はクラスで問題を解き合っていきます。次の3つのやり方があります。

（1）他のグループの問題を解く

　できた用紙を近くのグループと交換して解いていきます。自分たちのグループと同じような問いがあるか、全く違う視点のものがあるかなどの気付きが生まれます。

（2）Gallery Walk

　Gallery Walkとは文字通り、画廊や美術館で作品を見て回って楽しむように、教室の中を歩いて見て回ることです。歩きながら、問題を解いていき

ます。この時、ペアで回れば、問いに対する議論も生まれます。

　歩いて回りながら、良かった問いにはステッカーを付けていきます。良いと感じる問いとは、〈「問い」の種類〉の項で説明したうちの、Open-Ended Questionで、かつ興味が持続するようなワクワクするものです。

　ステッカーが多く集まった問いは廊下に張り出すと、休み時間などに多くの生徒が目にすることになります。ここで言う「良い問い」とは何かを学ぶチャンスになり、次のQuestion Makingに生かすことができるものです。

（3）他のクラスの問題を解く

　担当クラスが複数の場合は、全クラスの問いが集まったら、今度はクラスごとで問いを交換して、他クラスの生徒が作った問題に答えていきます。クラスを超えて議論が生まれる時もあり、ダイナミックな活動になります。

この３つの問いの解き合いの手法は、全て行ってもいいですし、時間や担当クラスによってどれかを選んで行ってもよいでしょう。

✿ 定期考査１週間前の Question Making

試験前に Question Making を使うと、定期考査に向けての学習を全員に意識させることができ、効果的な Question Making の時間となります。次のように取り組んでみましょう。

（１）試験範囲をプロジェクターで投影する

Question Making をするにあたって、試験範囲をまず共有します。このことで自然に試験範囲を意識するようになります。

（２）Question Making の内容と終了時間を伝える

ここでは、試験問題を想定した Question Making であることを明確に伝えます。また活動終了時間を伝えましょう。時間制限をすることで、タイムマネジメントを行う第一歩になります。

（３）問題の解き合いをする

先に述べたように、問いをグループやクラスで交換したり、Gallery Walk をしたりして問いに答えていきます。ここでも良かった問いを廊下に張り出すと、試験に向けて学習する雰囲気を学年全体に作ることができます。

分からないときや正答を知りたい場合などは、作成者に質問をして明らかにするように声を掛けます。

試験前に Question Making をやると全員が試験範囲を自然に意識します。その中で足りない学習をそれぞれが認識しますし、家庭学習への刺激にもつながります。

Gallery Walk で問いを解き合っている様子

✅「問い」に対する意見を表現する　OREO

　意見を表現する（話す・書く）ときは、OREOというフレームを使わせるといいでしょう。自分の立てた「問い」に対する自分なりの考えを英語で以下のようにまとめていきます。この活動は「魔法のノート」のフレームのMy Opinionの枠を書き込む際に役に立ちます。

魔法のノート

O (**O**pinion：言いたいこと、意見)
R (**R**eason：理由)
E (**E**xample/**E**xperience/**E**vidence/**E**xplanation：例、経験、証拠、説明)
O (**O**pinion：言いたいこと、意見を最後にもう一度)
の順番で書きます。

有名なクッキーの名前のようで覚えやすく、米国ではライティングの指導で広く親しまれている枠組みです。以下のような表現と合わせて教えると、取り組みやすいでしょう。

Opinion	
I think ... / I believe ... / I prefer ... / I know ... / I (don't) agree with ... / In my opinion ... / My favorite ...	
Reason	Example / Experience / Evidence / Explanation
First, ... / To begin with ... , Second, ... / Next, ... Finally, ... / Most importantly, ... One last reason ...	For example, ... In fact, ... / In my experience, ... According to ..., In other words, ... Additionally, ...
Opinion	
In conclusion, ... / To sum it up, ... / To summarize, ...	

ここまでの過程で、「魔法のノート」が完成します。

✓ 分かったことをノートにまとめ、発表する Oral Presentation

Oral Presentation は完成した「魔法のノート」を使って、レッスンで学んだことを絵や図を使って説明し、自分の立てた「問い」（My Question）を投げ掛け、自分なりの答え（My Opinion）を話すプレゼンテーション活動です。

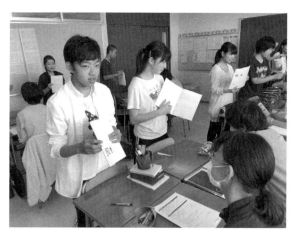

生徒同士で評価し合っている様子

授業見学に来た先生にも聞いてもらいます

　89ページのようなルーブリックを配布し、ペアを作って生徒同士で評価します。実際に評価させることによって評価者の目も育てることができます。また評価者になることで、自分の改善点も客観的に見ることができ、自身の改善にもつながります。

　僕の場合、学期に1回以上教師やALTの先生に向けて発表するようにしていますが、基本は生徒同士の相互評価をさせています。

第3章 「教えない授業」を始める

〈ルーブリックの例〉

Oral Presentation テスト　Lesson____　1-class____No.____Name_____

Name	Listener 1	Listener 2	Listener 3
Attitude ☑Eye contact　☑Posture　☑Volume ☐Establishes eye contact with everyone in the room during the speech　☐Stands up straight, looks relaxed and confident ☐Volume is loud enough to be heard by all audience members throughout the speech	1—2—3—4	1—2—3—4	1—2—3—4
Question ☑Open-Ended question related to the story. ☐Interesting enough to make all audience members think deeply about the topic	1—2—3—4	1—2—3—4	1—2—3—4
Explanation ☑Summary　☑Visual aids ☐Summarize the story clearly and understandably　☐Visual aids support the presentation effectively	1—2—3—4	1—2—3—4	1—2—3—4
Opinion ☑OREO ☐The speaker's opinion is supported with reasons and examples. Relationships between ideas are clear.	1—2—3—4	1—2—3—4	1—2—3—4
Sub-Total	/12	/12	/12
Total			/36

Positive Feedback

Reflection (on the Oral Presentation)　　　　　　　　　英語係に提出
☐The things that I did well on the oral presentation.　☐The things that that I want to try/change next time.

Advice（ここは教員が記入します）
[ ]発音[f/v/r/l/th/sh/その他]☐intonation・強弱・リズムに[多くの誤り/やや誤り/一部誤り]が見られます。音読などでCDを使ったり、鏡を見て口の形を意識したりできると発音が向上します。
[ ]自分の表現を書く時は、モデルになるものを多く取り入れるといいでしょう。教科書、ワークなどの表現をどんどん使いましょう。
[ ]内容にややまとまりがありません。文と文の関連性を意識しましょう。[ ]意見を述べるときは、理由をしっかり述べましょう。
[ ]いくつかの意見を列挙するときは、接続詞やナンバリング（First, … Second, …）を上手にしましょう。

✅ 評価評定について

　現行の学習指導要領では中学校、高等学校ともに絶対評価による観点別評価が行われることになっています。全ての教科は「関心・意欲・態度」「思考・判断・表現」「技能」「知識・理解」などの4〜5つの観点に分けられています。教師は観点ごとに目標を設定し、学習者がその目標に対してどれだけ実現できたかを分析して、一般に次のような3段階で評価します。

　　　　「十分満足と判断されるもの」…A、◎など
　　　　「おおむね満足であると判断されるもの」…B、○など
　　　　「努力を要すると判断されるもの」…C、△など

　英語の場合は、「コミュニケーションへの関心・意欲・態度」「外国語表現の能力」「外国語理解の能力」「言語や文化についての知識・理解」の4観点で評価します。まずは、この4観点を基に、評価材料を整理しましょう。
　僕の場合の評価材料は以下のようになります。

コミュニケーションへの関心・意欲・態度	外国語表現の能力	外国語理解の能力	言語や文化についての知識・理解
・授業でのコミュニケーション活動への取り組みの姿勢 ・スピーチなど発表活動への取り組みの姿勢	話す ・スピーチなどの実技テスト 書く ・単元テストによるライティングテスト ・定期考査によるライティングテスト	聞く ・単元テストによるリスニングテスト ・定期考査によるリスニングテスト 読む ・単元テストによるリーディングテスト ・定期考査によるリーディングテスト	英語やその運用についての知識を身に付けているか ・単元テストによる文法などのテスト ・定期考査による文法などのテスト

❀ コミュニケーションへの関心・意欲・態度

　授業の取り組みの姿勢は以下のように点数化しています。

　　　積極的に活動に取り組んだ・・・10点　⎫
　　　活動に取り組んだ　　　　　・・・8点　⎬ → A
　　　授業に出席した　　　　　　・・・5点　　→ B

他人に迷惑を掛けた　　　・・・1点　　→ C

　スピーチなどの発表活動は、聴衆とのアイコンタクトなど姿勢を中心に評価します。授業の取り組みの評価と同じように、アイコンタクトを十分にしたら10点、半分以上できたら8点でこれはAになります。顔を上げずに原稿をほとんど読んでいただけなら5点でB、発表活動に取り組まなかったら1点でCとなります。

　提出物を出したかどうかで評価することは避けましょう。提出の有無はコミュニケーションではありません。あくまで内容を評価しましょう。

✿ 外国語表現の能力、外国語理解の能力、言語や文化についての知識・理解

　これらは、英語の4技能試験をイメージするといいでしょう。定期考査などのペーパーテストだけでは4技能は評価できません。

　また、定期考査などの一発勝負で評価することは避け、単元テストを行うことが重要です。テスト作成の負担を考えると、単元テストは教科書会社や教材会社作成のものを利用していいと思います。また、1回は再テスト可能にし、点数の良かった方を評価しましょう。

　僕の場合、評価は、おおむね80％以上の達成をAとし、50％以上をB、50％未満をCとして評価しています。

✿ 評価評定

　通知表などに載せる評価は、Aを3点、Bを2点、Cを1点として集計します。各観点の合計を出し、合計点の80％以上の達成をAとし、50％以上をB、50％未満をCとして総括します。

　各観点が評価できたら、評定に総括します。「AAAA」であれば4または5、「BBBB」であれば3、「CCCC」であれば2または1とするのが適当と考えられています（国立教育政策研究所教育課程研究センター「評価規準の作成，評価方法等の工夫改善のための参考資料（中学校 外国語）」平成23年11月）。これ以外の場合は、英語科内で統一した考えを持つのがいいでしょう。これ

は一例ですが、「評価は生徒のため」であることを忘れないようにしましょう。

　この総括の仕方は一例であり、他にもさまざまな方法があります。学校として決められている場合もあるので、生徒や学校の実態に合わせて方法を選んでいきましょう。

❷「教えない授業」での語彙の増やし方
　～学びの見える化と例文の自分ごと化

✿ 語彙を増やす学びの「見える化」

　電子辞書を使用する生徒も増えていますが、自分の学習を「見える化」して語彙力増強につなげる方法として、紙の辞書を使用した例を紹介します。付箋を使えば簡単に学びの過程を見える化することができます。

　使い方は、下の写真の辞書のように、調べるたびに付箋を付けていきます。

　付箋には、引いた順番の通し番号とその単語を記入します。通し番号を記入することで、自分がこれまでどれぐらい多くの単語に出合っているかを見える化します。

　学習指導要領では、中学で1,200語、高校で1,800語が示されています。これらの数字を基礎的な語彙数として捉えることができるでしょう。これに加えて、自身が目指すテストなどで求められる語彙数を参考にすれば、学習のモチベーションになるでしょう。

付箋に単語を書くのは、はがれてしまったときに貼り直すことができるからです。ですから、細い付箋を使いたい場合などは無理に書かなくてもよいでしょう。

　紙の辞書をお薦めするのは、学びの見える化だけではありません。紙の辞書は「トンネルデザイン」ではないからです。

　「トンネルデザイン」はスタートからゴールまでが一直線になっているデザインです。例えば、インターネットの検索などが良い例でしょう。キーワードを入力すれば瞬く間に関連するページにたどり着けます。電子辞書も、調べたい単語を入力すれば、そのページに一発でたどり着けます。これがトンネルデザインです。

　トンネルデザインは寄り道ができません。一方、紙の辞書では前後の単語にも寄り道ができます。例文も全て目を通すことができます。そこで新たな発見をすることも多くあります。ですから、初心者は特に紙の辞書を使い、例文を見比べ、時に前後の単語に寄り道しながら語彙を増やしていくことをお勧めします。

　ただし、電子辞書には素早く多くの情報にアクセスできるという利点があります。携帯性にも優れています。時間のないときなどは、電子辞書を使うなど使い分けてもよいでしょう。

　付箋は辞書だけでなく、その他の学びの「見える化」にも活用できます。文法書や問題集で分からない箇所があったら付箋を付けるとよいでしょう。付箋は、外したり、移動させたりすることができます。復習して、分かるようになったら、付箋がページからはみ出さないように引っ込めるように付け直します。

　はみ出していない付箋は、「分からなかったけれど、分かるようになった」項目です。復習してまた分からなくなったら、再びページからはみ出させて付けます。こうすると、自分の学びの過程と、学びの程度が一目瞭然になります。

　テストの直前などは、はみ出ている付箋から復習し、時間があれば引っ込んでいる付箋も復習すれば、効率的に学習できます。

　このように、付箋によって学びは簡単に見える化することができます。学

びの見える化は、学習のモチベーションを維持するだけでなく、学習の効率化にもつながります。「教えない授業」で、学びを個別化して進めていくとき、学びを見える化することは生徒おのおののモチベーションをキープするためにもとても重要です。

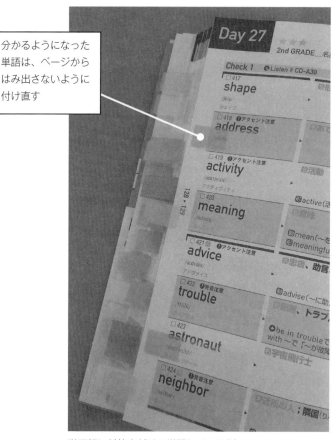

分かるようになった単語は、ページからはみ出さないように付け直す

単語帳に付箋を付けて学習している例

❁ 例文の「自分ごと化」～ My Phrase Notebook

「魔法のノート」とは別に、僕はもう1冊ノート作りをさせています。それが例文を「自分ごと化」する「My Phrase Notebook」です。

これには覚えたい単語や文を「自分ごと化」して書いていきます。「自分

ごと化」とは、次のように教科書や辞書の例文を自分の表現に変えることです。

(1) 主語を自分や家族、友達の名前などに変える
(2) 主語を好きなタレントなど関心のある人に変える
(3) 自分の意見を言うときに使えそうな表現に、自分の意見を加える

ノートの左側ページに例文を書き、右側に日本語を書きます。学習者向けの英英辞典の語義を書き加えてもいいでしょう。授業の最初の5分などに、自分ごと化した例文をペアで伝え合う活動をするとノート作りが習慣化します。辞書もそうですが、授業で数分でも毎時間継続して、その活動を行うことが習慣化につながります。

〈My Phrase Notebook の例〉

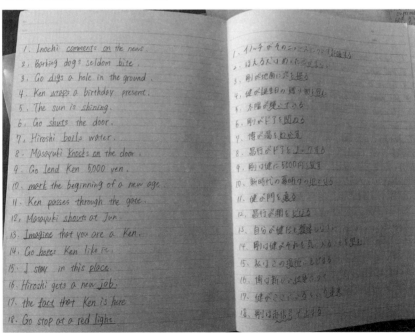

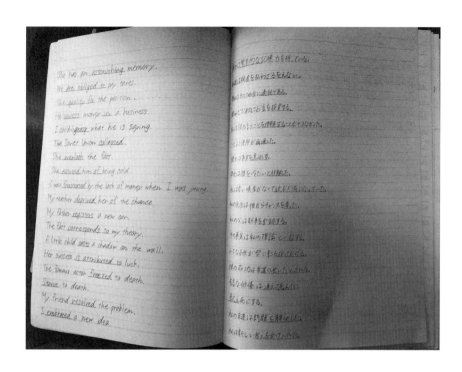

◆「教えない授業」での文法の扱い方

　文法を学習する上では大切なことが二つあります。
　一つ目は、何度も音読したり、書いたりして繰り返し、その文法に触れ慣れ親しんでいくことです。「習うより慣れろ」の感覚で、口から出てくるようトレーニングします。トレーニング方法については、さまざまな方法がありますが、「たてよこドリル」のメソッドを使った方法を紹介します。
　二つ目は、文法の仕組みを理解することです。分からない文法があったとき、解決する手段として、文法書や参考書を見たり、インターネットで調べたりする方法を授業で体験させましょう。そして分かったことを、紙やノートに絵や図でまとめることで文法のルールや構造を理解していきます。

第3章 「教えない授業」を始める

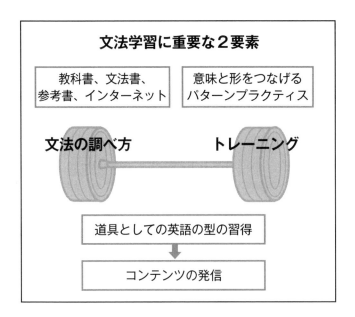

❀「たてよこドリル」で英文法に慣れ親しむ

『英語のたてよこドリル』(正進社)、『21マスで基礎が身につく英語ドリル　タテ×ヨコ』(アルク)は、算数の100マス計算ドリルのように表の縦と横の英語を組み合わせて素早く英文を作っていくドリルです。

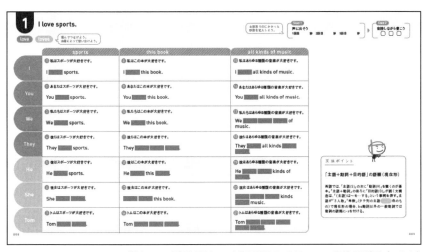

『21マスで基礎が身につく英語ドリル タテ×ヨコ 高校入門編』(アルク)

マスの色をヒントに縦と横のマスを組み合わせることで英文を作れるので、誰でも簡単に英文を作ることができます。
　このドリルを使って素早く英文を作ることで文法に慣れ親しんでいきます。学び方は、例えば次の5つが考えられます。

(1) ペアで問題を出し合う
ドリルの英文には通し番号が付いています。穴埋めになっているページを見ながらペアAが番号を言い、ペアBがその番号を素早く英文にしていきます。ペアBがうまく言えない場合は、ペアAがヒントを出したりして援助していきます。最初は順番通りに出題し、慣れてきたらランダムに出題していくといいでしょう。

(2) 発音チェック
『21マスで基礎が身につく英語ドリル　タテ×ヨコ』はホームページ（ https://www.alc.co.jp/dl/ ）から音声ファイルをダウンロードできます。音声を使って、ペアで読み合うなどして正しい発音を学びます。

(3) Read and Look Up
Sight Translationのトレーニング方法で紹介したRead and Look Upと同じ要領で行います。ペアAが番号を言い、ペアBはその英文を頭の中で完成させます。ペアAのLook up! の声でペアBは顔を上げ、アイコンタクトをします。ペアAのSay it! の声で、ペアBは英文を声に出します。

(4) Reading Race
ペアで向かい合って座ります。合図で同時に声に出して通し番号順に読み始め、全てのマスを読み終わったら「ドヤ顔」で待ちます。相手の「ドヤ顔」を見てしまったら負け。クラス全体で一斉に取り組んでも盛り上がります。

(5) Reading Relay
ペアで対抗してクラスで一斉に行います。ジャンケンをし、勝った方から、

交互にリレー形式で番号順に英文を作っていきます。ペアで全てのマスを読み終わったら、ペアで「ドヤ顔」をしてクラスを見渡します。これもとても盛り上がります。

Sight Translationのときと同じように、複数の学び方に慣れ親しんだら、時間だけ指示し、やり方を生徒たちに選択させましょう。

文法のルールや構造を絵や図で表す

まずは、文法が分からないときの調べ方を体験させましょう。文法用語はそれ自体にあまり意味はないと思いますが、分からない文法項目を文法書やインターネットで検索する際の「タグ」として役に立ちます。文法用語という「タグ」をもとに、分からない文法項目を検索していきます。検索手段は、文法書や参考書、インターネット、動画などさまざまなものがあります。

文法書や参考書は、英語科にあるさまざまな種類の文法書や参考書を教室に並べ、説明の違いなどを比べさせると理解が深まります。また、自分にとって分かりやすい文法書や参考書に出合うことにもつながります。文法書や参考書は全員に同じものを買わせるより、自分に合ったものを必要に応じて購入させた方がいいと思います。何事も、自分で選ぶという行為から責任が生まれ、自律した学びにつながっていくのです。

インターネットを活用する場合は、文法用語をキーワードに検索すればさまざまなサイトにたどり着くでしょう。最近では動画を検索すると、全国の「解説上手」な先生たちの分かりやすい講義がたくさん見られます。しかも、それらの多くは5分や10分といった短い時間で作られており、隙間時間に見ることが可能です。パソコン室などで一斉に調べて、さまざまなサイトや動画を見比べて、情報を交換する時間をつくるといいでしょう。

インターネットなどは、説明に誤りや誤解がある場合もあります。生徒がその真偽を見極めるのは難しいでしょう。ですから、生徒が迷ったとき、最後に頼るべきは検定教科書です。検定教科書は少なくとも複数の専門家やネイティブが編集に関わり、文部科学省が検定しています。最後に教科書で確認する習慣をつけさせるといいでしょう。すると、教科書はとてもシンプル

に分かりやすく、しかも正確に文法項目をまとめていることにも生徒は気付くでしょう。

さまざまな手段で文法の調べ方が身に付いたら、自分で分かったことをまとめさせます。白紙の紙、またはノートに自由にまとめて作品にしていきます。

作品ができたら、ペアで説明し合ったりすることで理解を深めた作品を完成させます。Gallery Walk で全員の作品を鑑賞し、よくまとまっている作品を選ばせます。選ばれた作品は、作成者の生徒に解説してもらってもいいでしょう。その際、その作品を全員にコピーするのですが、コピーの前には教師は内容に誤りがないかチェックしましょう。

そして生徒に解説してもらいますが、たいてい教師は、多少補足をする程度で済みます。別のクラスの作品を用いる場合は、授業中に作成者が解説できないため、先生が代わりに解説します。この場合、先生が「教える」ことにはなるのですが、生徒は自分たちのレールに先生が乗っていると感じます。

〈生徒の文法まとめ作品の例〉

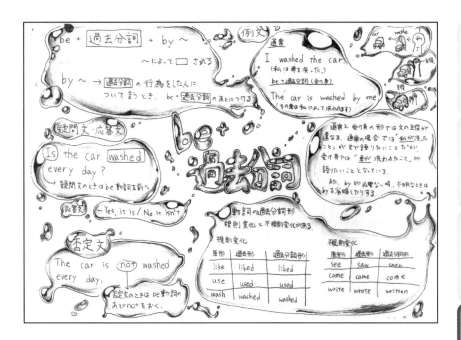

◎「教えない授業」を発展・継続させるため

「教えない授業」を作る上での授業づくりシート（103ページ）を詳しく紹介します。このシートの項目を確認することで、授業中の教師の視点も見えてきます。自律型学習者を育てる授業づくりを行う上で参考にしていただければと思います。

まず、事前準備の欄から見ていきます。Teachers' Manual（教師用指導書）は教科書に付くTeacher's Manualのことを指しています。これには一通り目を通しましょう。文法・表現や題材背景の確認だけでなく、気を付ける発音をチェックし、付属のCDなど音声素材を使って、教師自身が音読練習などのトレーニングを行っておくことが重要です。

内容を把握したら、プロジェクトの設定が可能か考えます。全てのレッスンでプロジェクトを考えなくてもいいでしょう。

プロジェクトを行う場合は、Project Idea / Launch（アイデアとその

導入）、Material（資料、教材など）、Big Question / Essential Question（生徒の想像力に火を付ける問い）、Exhibition Idea（発表会のアイデア）、Audience（誰に向かって発表するか）、Learning Objectives（何を学んでほしいか）、Teachers / Experts（価値を広げる他の教師や専門家）、Dilemma（どんな困難や葛藤が予想されるか）、Assessment（評価の方法）を考えます。特に Exhibition Idea のデザインをしっかり作ることが重要です。また、Audience の中にリアルな社会で活躍する人たち（Experts）がいることが、生徒の学びを社会につなげ、モチベーションを上げていきます。

　次に「授業中」の欄です。授業は、教師がある程度主導する場合は Warm-up（導入）、Review（復習）、Main Activity（主な活動）の３つを意識します。Warm-up はあくまで授業への橋渡しですから、英語の歌や動画、ゲーム、単語集から問題の出し合いなど簡単な活動で継続できるものを行います。Review は、前時の内容を中心に繰り返して行った方がいい活動を選びます。僕は教科書の絵をプロジェクターで提示し、英語で内容を説明（Oral Presentation）させます。Main Activity は目標に応じ、この章で紹介した活動を計画します。

　これらの活動に生徒が十分に親しんだら、学ぶ内容や活動方法を生徒に選ばせる場面を多くしていくと、Multitasking with Time-management といった生徒主導（Student-led）の授業になります。

　授業後も、生徒の学びが自律に向かっているかをチェックします。特に僕は、生徒が選択をする場面があったか、笑顔があったかを気にしています。プロジェクトもただの「ごっこ遊び」ではなく、学問的な学びがあったか、リアルな社会につながっていたかなど振り返り、結果を他の先生とシェアすることで次のプロジェクトの改善につなげています。

　シェアしやすくするために、一つのプロジェクトを一つのカードにまとめるといいでしょう。表にはプロジェクトの写真を貼ります。裏には、プロジェクト名、Big Question、内容、先生からのリフレクション、生徒からのリフレクションを書きます。カードは展示もしやすいので便利です。

第3章 「教えない授業」を始める

「教えない授業」授業づくりシート　学年____　Lesson _____

事前準備
☐ **Teachers' Manual の確認**
　☐ 文法・表現の確認　　☐ 題材背景の確認　　☐ 発音の確認　　☐ 音読練習などトレーニング
☐ **Big Question**
　☐ Project と関連した問いか　　☐ SDGs への関連
　☐ 他教科との関連　　　　　　　☐ 生徒の行動へつながるか　　☐ わくわくする問いか
☐ **Project**
　☐ Project Idea / Launch　レッスン内容に関連するプロジェクトとワクワクする導入

　☐ Material　資料、道具、材料、ソフトウェア

　☐ Big Question / Essential Question　生徒の想像力に火を付ける

　☐ Exhibition Idea　発表会の方法／プロジェクトのゴミ箱行きを避けるアイデア

　☐ Audience　誰が生徒にとって本物の聴衆になるか

　☐ Learning Objectives　生徒たちに何を学んで欲しいか

　☐ Teachers / Experts　価値を広げる他の教師／専門家へのコンタクト

　☐ Dilemma　どんな困難や葛藤が予想されるか

　☐ Assessment　どのような評価をフィードバックするか

☐ **教材準備**
　☐ Picture シート（教科書の絵や写真のシート）　　☐ Sight Translation シート
　☐ 教科書の絵や写真のスライド　　☐ 教科書音声の準備　　☐ 関連する歌や動画の検索
　☐ Project に必要なワークシート　　☐ 評価用紙

授業中

Teacher-led　教師主導の場合	Student-led　生徒主導の場合
☐ Warm-up　導入で行うこと	Multitasking with Time-management ☐ 生徒に選ばせる活動とゴール
☐ Review　復習で行うこと	
☐ Main Activity　展開で行うこと	

授業後
☐ 生徒が活動形態、活動内容を選択する場面があったか
☐ 生徒全員に笑顔があったか（どんな時に笑顔になったか）
☐ 生徒の理解度（ゴール、活動、学ぶ内容）はどうだったか
☐ 生徒の活動は主体的であったか
☐ 生徒同士、生徒と教師のコミュニケーションは双方向だったか
☐ 生徒からの質問はどのようなものがあったか
☐ 生徒の活動へのフィードバックは適切だったか（質問による介入・ほめる・はげます）
☐ 教師の説明の内容と量は適切だったか（生徒による発見を阻害しなかったか）
プロジェクト
☐ 学問的な学びはあったか　　☐ リアルな社会につながっていたか
☐ 発展的な学びがあったか　　☐ 授業を超えてフィールド調査、コミュニティ調査に結びついたか
☐ 専門家やコミュニティに生徒が繋がったか　　☐ 評価は適切だったか

コメント

COLUMN 3
「自分から英語を学びたいと思わせてくれる授業です」

　私が中学に入学して、初めて受けた英語の授業が山本先生の「教えない授業」で、以来高校を卒業するまで、ずっと山本先生の授業を受けてきました。つまり、「教える授業」を受けたことがありません。そのため、山本先生の授業が当たり前になっていて、他の英語の授業スタイルを知らずに大学に入学しました。

　大学で受けた英語の授業は「ペアワーク」や「グループワーク」の概念が周りとは違うことに気が付きました。周りのみんなにとってそうした英語の活動は、授業中必要最小限に行うもので、それ以外の会話は日本語で行うのが普通なのです。山本先生は授業の中で、私たちが英語を使って活動する時間を多く取ってくださいました。ペアワークやグループワークでは、意見交換や調べた内容の発表を行うだけでなく、週末の過ごし方などの雑談も全て英語で行っていました。これらの活動では、相手に伝わる喜びや、伝えきれないもどかしさを感じる瞬間が多かったです。しかしそういった瞬間を繰り返し体験したからこそ、「どんな英語を使ったら分かりやすいか」「どう表現したら相手に伝わるか」を意識的に考えるようになりました。英語を学べば学ぶほど、自分の言いたい事が相手に伝わり、また相手の言いたい事を理解できるようになるという実感は、英語を学ぶモチベーションになりました。そして、いつしか英語を話すことが大好きになりました。

　「教えない授業」に成果があるかは私にはよく分かりません。しかし、一つ自信を持って言えることは、今自分が英語を好きなのは、山本先生あってこそだということです。

　私は、授業以外の場面でも山本先生の「教えない"指導"」から多くのことを学びました。中学校時代は山本先生が募集していた有志のミュージカル団員として、高校時代はESS部の部員として、それぞれ山本先生にご指導いただきました。私は、これらのミュージカル活動によって

――早稲田大学　文化構想学部2年　伊与部 夏花

　英語をより好きになりました。ミュージカルでは主役を務め、稽古中は、演劇のスキルだけでなく、英語の発音や抑揚をとことん練習し、とにかく英語漬けの毎日でした。登場人物の心情や脚本のメッセージを観客に伝える難しさを感じ、たびたび先生にアドバイスを求めましたが、どんな時も、先生から答えはいただけませんでした（笑）。そして、代わりにいただいたのが、「まだまだできるよ」「こんなもんじゃないでしょう？」という「声掛け」でした。私は、先生からそんな「声掛け」をもらうたびに、私が自分で答えを出せると先生が信じてくれていること、私の力をうまく引き出してくれていることを感じ、よりいっそう頑張ることができたのです。迎えたミュージカル本番、自分なりに考えて演じたことに対し、得られたお客さんの反応が本当にうれしかったことを覚えています。この経験のおかげで、英語で表現する楽しさや、英語で伝える喜びを実感することができました。

　授業も同様で、山本先生の授業は、自分から英語を学びたいと思わせてくれる授業でした。そして、その背景にあったのは、先生の私たちへの信頼であり、私たちの先生への信頼だったのだと思います。

　大学では、AIや芸術について学ぶ傍ら、サークル活動として、学校行事やイベントのMCなどにも挑戦しています。プレゼンテーションをする機会、人前に立つ機会がとても多いのですが、こうしたことに積極的に取り組めるのも、先生のおかげだと感じ、うれしく思っています。将来的にも大好きな「英語を使うこと」を続けていくつもりです。

第4章

学びを
リアルな社会につなげる

第4章では、「教えない授業」を成功させる、生徒のモチベーションの高め方について説明します。「教えない授業」では、生徒が自ら課題や問いを発見し、教師の手から離れて自律して学んでいくことを目指します。自律させるには、生徒の学びへのモチベーションがとても重要です。マズローの自己実現理論に基づき、生徒のモチベーションを上げるPBL（Project Based Learning）やSDGsの利用など、教室の学びをリアルな社会につなげる方法を紹介していきます。

✅ マズローの自己実現理論

　生徒が主体的に学び出すために、「教えない授業」では学びをリアルな社会につなげる仕掛けをします。生徒が将来、社会で自己実現したいという欲求に、教室の学びを結び付け、モチベーションに変えていくイメージです。

　しかし、多くの教室では教えることに追われ、時にテストや入試が目的となってしまい、学びがリアルな社会につながらないことも多いようです。

　マズローの自己実現理論では「人間は自己実現に向かって絶えず成長する生きものである」と仮定し、人間の欲求を5つの階層で理論化しました。教室では、主に「心の欲求」といわれる第3段階以降が関係してきます。まず「どの生徒も無限の可能性を秘めており、自己実現に向かって絶えず成長する」ことをぶれずに強く信じ、生徒の成長を見守りましょう。この「信じて見守る姿勢」により、生徒は安心して自主的に活動します。ですから、生徒の活動中は、他の仕事はせず生徒の活動をよく見るようにしましょう。

✅ 教室をリアルな社会につなげる土台

　教室をリアルな社会につなげる前に大切なことがあります。それは、第2章でお話しした、「教室を安全・安心の場にする」ということです。マズローの自己実現理論では、高次元のモチベーションを実現するためには、土台となる欲求を満たしていく必要があります（右図参照）。ですからまず教室を、

第4章　学びをリアルな社会につなげる

失敗を可能性と捉え、多様性を認め合う場にしていくことが大切です。

マズローの自己実現理論

第5段階　自己実現の欲求 (Self-actualization) → 将来の「あるべき自分」に向け行動する、心を動かす

第4段階　承認（尊重）の欲求 (Esteem) → 学びをリアルな社会につなげる（ゲストティーチャー、SDGsなど）

第3段階　社会的欲求／所属と愛の欲求 (Social needs / Love and belonging) → 相互承認を生む心地よい集団づくり（感謝の言葉、席替え、ギャラリーウォークなど）

第2段階　安全の欲求 (Safety needs)

第1段階　生理的欲求 (Physiological needs) → 衣食住や家庭環境、教室環境

＜参考文献＞『人間性の心理学　モチベーションとパーソナリティ』A.H. マズロー著・小口忠彦訳（産能大出版部 , 1987）

✓ 社会的欲求・承認の欲求をリアルな社会につなげる

　長年、中高生を教えていて感じるのは、子どもは誰でも「社会の役に立ちたい」という利他的な欲求を持っているということです。大切なのは、その欲求を学びにつなげることです。そもそも、勉強するのは何のためでしょうか？　僕は、勉強は「いつか誰かを笑顔にするため」にするものだと生徒たちに言っています。誰かの役に立ち、誰かが笑顔になる。勉強の先にこんなイメージを持ってもらいたい。それが、目先のテストや入試にばかり目がいってしまうと、勉強は「テストの点数を上げるため」にするものだという近視眼的な感覚になってしまいます。

　役に立ち、認められるという社会的欲求や承認（尊重）の欲求を教室内の活動だけでなく、リアルな社会との関わりにつなげましょう。自分が社会に必要とされている、果たせる社会的役割があるという実感が生徒のモチベーションに火を付け、主体性につながっていくのです。

✅ 教室にリアルな社会で活躍する人を呼び込もう

　プロジェクトをリアルな社会につなげるためには、発表会（Exhibition）で聴衆（Audience）を誰にするかということが重要になります。リアルな社会で活躍する専門家をゲストティーチャーに呼ぶことが、生徒のモチベーションの向上につながります。米国の教育団体 EL Education のチーフアカデミックオフィサーで教育者の Ron Berger は聴衆と生徒のモチベーションの関係を下の表のようにまとめました。「成績のために先生に発表すること」がモチベーションとしては一番低くなります。聴衆がリアルな社会で活躍する人になり、さらに実際に自分たちのアイデアが役に立つものになればなるほど、モチベーションが向上するのは、マズローの自己実現理論とも一致します。

```
Hierarchy of Audience

        To be service in the world
    To present to people capable of critiquing
 To present to a public audience beyond the school
        To present to the school community
             To present to parents
   To present to a teacher to fulfill a requirement

                                         Ron Berger (2014)
```

上位に行くにしたがって生徒のプロジェクトに対するモチベーションや関わりが強くなる。

　発表会を計画するときは、この表を意識し、ゲストティーチャーになれる外部の方々との関係を構築していきましょう。それでは、具体的に実際に僕が行った PBL の例をいくつか紹介します。

✿ 1. 洋書の POP を作ろう

　多読で読んだ洋書の内容を 1 枚の POP にするプロジェクトを行いました。「書店の棚に貼って、お客さんがその本を手に取りたくなるような POP を作る」が目標です。作品をリアルな社会につなげるために、ある書店の責任者の方に、審査をお願いに行きました。目的を話すと快く引き受けてくださ

り、後日実際に生徒の作品を持参し、優秀賞を選んでいただきました。

　この活動は、学期に数回計画している多読の時間を利用しました。「どんなPOPを作れば、本を手に取ってもらえるか」を考え、自分の紹介したい作品を読んでいきます。授業では英文や語彙の解説は一切行わなかったのですが、生徒は自分たちだけで深く読み進め、パソコンを駆使してPOPを作り上げていました。「実際に本を売るプロに自分の作品を見てもらえる」ので、学びの先にリアルな社会を感じ、モチベーションが上がっていくのです。実際に、書店員さんから、良かった点や改善点をお伺いすると、生徒はリアルな社会で必要とされる力を自然と感じるようになります。

　この活動は、多読でなくても、教科書の読み物のレッスンでもできます。POPで伝えたいことを見つけながら能動的に読むことができるのです。

2. 理想の東京ツアーを作ろう

　教材に「浅草観光」のようなトピックが出てきた際には、「理想の東京めぐりの旅を計画しよう」プロジェクトといった理想の旅行プランを提案する活動ができます。計画のターゲットを外国人観光客に設定することで、英語でアウトプットすることが自然になります。このプロジェクトでは、実際に旅行代理店の方々に授業に参加していただきました。教材の営業の方々同様、旅行代理店の方々は学校によく出入りするリアルな社会で活躍する貴重な存在です。観光地や旅がテーマのレッスンが出てきたら、ぜひこのプロジェクトに挑戦してみてください。

　具体的には、まず下調べから行います。旅行を企画するには既存の旅行プランから学ぶことがたくさんあります。駅や自宅近くの旅行代理店でパンフレットを入手したり、インターネットの情報をプリントアウトしたりします。既存のものを見て学ぶことで、生徒たちは「パンフレットより面白い企画にしよう」とモチベーションを高めていきます。

　次に自分たちの案をパンフレットにしていきます。この段階では、生徒は意欲的に辞書を活用してパンフレット作りを行っていました。「伝えたいこと」がはっきりすると、どんどん「知りたい表現」が増えていき、主体的に調べるようになります。

3. 理想の学校を作ろう

　レッスンに海外の学校の話が出てきたら、ぜひ「理想の学校を作ろう」というプロジェクトに取り組ませてみましょう。第1章でお話しした通り、社会が変化しているのにも関わらず、学校は大きく変わっていません。その違和感を多くの子どもたちは抱いています。「理想の学校」とは何かを考えることで、子どもたちも学校や学びの目的を考え、違和感の正体を感じ始めることができるのです。

　アウトプットの方法は折り紙を使用しました。折り紙を使って理想の学校を表現するのです。折り紙は、誰でも簡単に折ることができ、色もカラフルなので、表現の幅が広がります。この授業には運よく、テッド・ディンタースミス（Ted Dintersmith）さんをお招きすることができました。ディンタースミスさんは"Most Likely to Succeed"（2015年）という米国の教育改革を描いたドキュメンタリー映画のエグゼクティブ・プロデューサーです。ディンタースミスさんが2018年6月にこの映画のイベントのために来日した折※に、「ぜひ日本の学校を参観したい」という希望から、この機会が実現しました。ディンタースミスさんはこの映画のために米国の2,000以上の学校を訪問したといいます。そんな、多くの学校を知る教育改革のプロにアイデアを見てもらうことに、生徒たちは興奮しました。

　折り紙ですから多くの作品は立体的です。ディンタースミスさんは、日本の子どもたちの折り紙を使ったクリエイティビティに感心されていました。全ての発表に真剣に耳を傾け、「みんなのアイデアを取り入れた学校が増えるといいね」と優しく言葉を掛けてくださいました。

　さまざまなアイデアの中で、次ページの下の写真のように時間割やテストに「×」を付けて、これらは必要ないと発表したグループもありました。時間割やテストについては、「せっかく気持ちが乗ってきたのに、無理やり次の教科に移らなければならないのが疑問に思う」「テストのための勉強が将来に役立つとは思えない」と発表の中で話していました。子どもたちからこのような意見が出たということは、彼らはすでに学校とリアルな社会は大きく違っているという本質に気付いているのだと思います。

※この時開催されたパネルディスカッションの動画がYouTubeに公開されています。
　動画タイトル：「What School Could Be アン/カンファレンス」のパネルディスカッション

第4章 学びをリアルな社会につなげる

　ディンタースミスさんのような方を教室に呼び込むのは難しいですが、実はこのプロジェクトでゲストティーチャーになれるのが、僕ら教師です。校長先生や同僚の先生を招待すると、生徒の作品を通して「これからの教育」について話すことができるのではないでしょうか。僕は学校を変える大きな力を持っているのは生徒だと思います。生徒が自律的学習者に成長し、学校づくりにも参画していくことが理想だと思っています。

映画館のある学校／高1

時間割や宿題、テストに×印が付いた作品／中1

生徒の話に熱心に耳を傾けるテッド・ディンタースミス氏（右上）

4. 理想のレストランを作ろう

　食べ物やレストランのトピックが出てきたら、「理想のレストランを作ろう」というプロジェクトができます。このプロジェクトには居酒屋などの飲食店を経営する方（右ページ写真：五月女圭一　株式会社ゲイト社長／東京都墨田区）をゲストティーチャーに迎えることができました。五月女さんは、僕の前任校の卒業生で、前任校での実践から継続して授業に協力いただいています。学校のOBが集まる機会があれば、ぜひゲストティーチャーの相談をしてみましょう。

　このときは、「2020年に訪れた外国人観光客がハッピーになるレストラン作り」をテーマにしました。都内にあるゲイトの11店舗を各班で分担しプロデュースしていきました。メニューの英語化やポスター作り、店のコンセプトを英語で伝えるなどさまざまなアイデアが出ました。「メニューを開発してみたい」という声も聞かれ、ドラマ化され話題になった「高校生レストラン」のような本格的なプロジェクトに発展する可能性も感じました。

　学校の周りのレストランを訪れた際に相談してみるのもいいかもしれません。そうすれば、地域ならではの活動も期待でき、生徒が地域社会と関わるきっかけにもなるでしょう。

第 4 章　学びをリアルな社会につなげる

五月女圭一氏の講演

5. 盲目の人のために商品開発をしよう

　盲目のピアニスト辻井伸行さんを取り上げたレッスンを扱ったときには、「盲目の人のために商品を開発しよう」というプロジェクトを行いました。生徒たちのアイデアは、iPhoneなどスマートフォンのカメラ機能と GPS 機能を連動させて安全な街歩きに役立てるなど IT 系のものが多くあったので、ある IT 会社の方にゲストティーチャーをお願いしました。これは、生徒の作品づくりの後にゲストティーチャーを決めた例です。

　学校の IT 化はどこでも進んでいて、学校に IT 関係の企業の方が来校する機会もあると思います。そんなとき、いいリレーションシップを築き、ゲストティーチャーのお願いをしましょう。

　この時は、授業時間の関係で、放課後に希望者がプレゼンテーションをしました。必ずしも授業中に全員が経験する必要はありません。ゲストティーチャーのスケジュールによっては、授業内で行うことが難しいこともよくあります。そんなときは、「放課後に希望者で行う」「作品を写真などのデータで送る」といった方法も可能です。

PBLを授業に取り入れるとき、僕が気を付けているのは、「英語を使う必然性を作る」ことです。英語は手段ですので、聞き手が外国人だったり、プロジェクトの発信先を世界にしたりするなどの工夫が必要です。

　もう一つが、プロジェクトの内容をリアルな社会につなげることです。プロジェクトの先に、リアルな社会を感じることで、生徒のモチベーションが上がっていきます。プロジェクトがただの「ごっこ遊び」にならないためには、常日頃、教師がアンテナを立て、学校外のステークホルダーと良好な関係を築いていくことが重要です。

✓ SDGsで世界の課題につなげる

　SDGs（Sustainable Development Goals＝持続可能な開発目標）は2030年までに、先進国も発展途上国も、国も企業もNPOも個人も、あらゆる垣根を越えて協力し、より良い未来をつくろうと国連で決まった17のゴールとそれらを達成するための具体的な169のターゲットで構成されています。193の国連加盟国が賛成し、2015年9月に採択されました。

第4章　学びをリアルな社会につなげる

　SDGsのゴールは世界規模の課題につながります。例えば、教科書で「ゴミのリサイクル」を学ぶとき、12番目のゴール「つくる責任　つかう責任」に関連させれば、国連の数値目標や実施手段に関心を持たせられます。

　英語の教科書の全てのレッスンをSDGsにひも付けることも実は難しくはありません。SDGsをリアルな社会での課題を見るための「窓」として利用して、教室の学びを社会につなげましょう。例えば、My Question を考えるときに、SDGsの視点を持つと、教科書の題材でそのままリアルな社会課題につながる「問い」を作ることができます。

　また僕も製作に関わった『未来を変える目標 SDGs アイデアブック』（Think the Earth／蟹江憲史 慶應義塾大学大学院教授監修，紀伊國屋書店，2018年）は、それぞれの目標に関わる世界の事例を読んで、どう行動したいかを考える中高生向けの教材です。それぞれのページにあるQRコードをたどれば、ゴールの先にあるターゲットや関連動画なども見ることができます。動画の多くは英語が使われているので、英語の授業で使いやすいです。

『未来を変える目標 SDGs アイデアブック』（紀伊國屋書店）

加えて、この本では、解決に向けた世界や国内の事例を紹介していますが、単なる活動紹介ではなく、「そんな方法があるなら、こんな方法もあるかも！」と心が動く視点を大切にして作られています。先端テクノロジーを使った活動や同世代の子どものアイデアが実現した例もあるので、生徒も自分ならどうするかと考え、心にも火が付くかもしれません。この「自分ごと化」が、生徒が動き出すきっかけとなります。"Think globally, Act locally" が環境問題を語るときにはよく使われますが、SDGsを通して、世界視野で考え（Think globally）、「自分だったらどうする」「身近なことに当てはめると」と自分ごと化し行動する（Act locally）きっかけとなるのです。

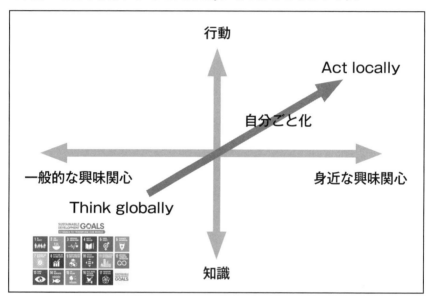

✓ 勉強するのは誰かを笑顔にするため

　教室の学びをリアルな社会につなげたとき、生徒の中には行動したいという欲求が生まれてきます。実際に行動に結び付かなくても、自分がどうありたいかを考え始めるきっかけとなります。自分の持つ能力や可能性を最大限発揮し、「あるべき自分」になりたいという欲求を実感するのです。これが自己実現への第一歩です。

本章の最初に紹介したマズローは晩年、5段階の上位にさらに「自己超越の欲求」があると発表しました。この欲求は簡単に言うと「自分のためだけでなく、他者を豊かにしたい」という欲求です。マズローの定義を厳密に考えると、社会貢献的な意味合いやエゴを超越した哲学的な領域が含まれるため、学校での実現は難しいでしょう。しかし、PBLを通して生徒が将来の生き方として、利他的な感覚を持つことは可能です。学びは自分のためでなく、誰かの役に立つために行うと考えるようになります。英語は道具です。「英語という道具を使っていつか誰かを笑顔にする」。英語の勉強の先に、こうイメージできる生徒は力強く自律して学び始めるのです。

✅ SDGsで教科を超える

　SDGsなどの社会課題を解決する議論を英語で行うのは簡単ではありません。僕は、英語の授業内であっても、内容を深めるために日本語で議論することは必要だと考えています。しかし、他の教科と関連付けて、教科を超えて取り組むことができれば、議論は他教科の授業で日本語で行い、英語の授業では英語でアウトプットを行うことで、より教科の特性を生かすことができます。SDGsは他教科との関連付けの窓口としても利用できます。
　英語で学ぶことにこだわる場合は、CLILを取り入れることをお勧めします。Content and Language Integrated Learning（内容言語統合型学習）の略でクリルと読みます。SDGsのような内容と、英語の両方を学ぶ教育方法です。
　CLILを行う時に意識しなければいけないのが4つのCです。
　　　　Content（科目やSDGsなどのトピック）
　　　　Communication（単語・文法・発音などの言語知識や読む、書く、聞く、話すといった言語スキル）
　　　　Cognition（さまざまな思考力）
　　　　Community/Culture（共同学習、異文化理解、地球市民意識）
　新聞やウェブサイトなどオーセンティックなものを積極的に使い、分かったことを英語でシェアしながら思考を深め、議論につなげるといいでしょう。

COLUMN 4
「誰かのために何かをするときがいちばん一生懸命になれます」

　僕は、中学1年生から高校3年生まで、中高一貫して、山本先生の「教えない授業」を受けてきました。最初は、英語そのものに慣れていなかったことから、若干の戸惑いがありましたが、周りのみんなも同様だったので、孤独感や劣等感を抱くことはありませんでした。初めてJigsaw Reading（66ページ参照）の活動を行ったときに、自分が一人で集めてきた情報を仲間に伝えるという行程が、まるでゲームのようで、面白く感じたことを覚えています。

　もともと英語は苦手でした。英語を「異国の難しい学問」と勘違いしていて、好きになれなかったのです。しかし、山本先生の授業を受けるようになってから、英語への考え方も、英語力も大きく変わりました。

　まず、英語をただの「ツール」であると思えるようになりました。人に何かを伝えたいときに使うもので、あくまでも一つの道具なんだ、と。そして、グループの仲間に、英語で何かを伝えたり話し合ったりするということが楽しくなっていきました。高校になってから、英語力がぐんと上昇したのですが、そこには苦手意識の払拭があったと感じています。とにかく楽しく授業中の活動に取り組んでいるうちに、英語でコミュニケーションを取るということが自然なことになっていきました。

　大学1年生の夏休みには、高校時代の友人と共に山本先生と一緒にセブ島へ行き、ボランティア活動をするツアーに参加しました（写真、左から2番目が本人）。ツアーの行程の中で語学学校を体験する機会があり、現地の先生方と英語でコミュニケーションを取りました。このときに、

──慶應義塾大学　総合政策学部２年　九鬼 嘉隆

　気後れすることなく、会話を楽しめたことが自信につながっています。
　山本先生の「教えない授業」はやはり"スゴイ"です。そう感じる理由はたくさんありますが、中高生目線でメリットを挙げてみると、①教えられてないのに覚えが早いこと、②予習復習が必要ないこと、③「教えない」と言いながらも、困ったときは教えてくれることもあること。そして、④アクティブだから、授業が眠くならないこと。さらに、⑤クラスのいろんな人と話しながら勉強するので、好きな異性と話せること（笑）です。授業スタイルが、僕には向いていたのかもしれません。
　そんな授業を６年にわたって受け続けたことで、学びの姿勢や学習スタイルなども大きく変わりました。例えば、自習に「一人家庭教師」という方法を取り入れるようになりました。これは自分で編み出した勉強法なのですが、山本先生の「教えない授業」から学んだことを生かした方法です。それは、「人に教える」という行為が自分にとって最も学びになるということです。誰かのために何かをするときが、人間はいちばん一生懸命になれるのです。だから、一人で勉強しているときでも、もう一人の自分に説明するようにしゃべりながら勉強すると、理解が深まるのです。この方法は、大学生になった今でも役に立っています。
　大学では、認知科学と音楽、環境問題について学んでいます。グループワークを中心に進める授業があるのですが、メンバーとの情報の共有や役割分担の仕方などで、「教えない授業」の経験が役に立っています。興味がある分野が複数あって絞り切れず、まだどの分野に進むかは分かりませんが、「仲間と協力しながら何かを達成する」というようなことをしたいと考えています。そして、こういった活動には、山本先生の「教えない授業」で学んだグループでの動き方やコミュニケーションの取り方が生かせるはずです。中学と高校の６年間で得たことを、これからの人生に役立てながら、さらに成長していきたいと思っています。

第5章

「教えない授業」を持続させる
リレーションシップ・マネジメント

第5章では「教えない授業」をどう持続させるかをお話します。ここまで読んでいただき、「教えない授業」による英語授業をイメージしていただくことができたと思います。しかし、「教えない授業」という言葉からは、何か特別な教育方法といったイメージや「先生が教えることを放棄している？」「先生が楽したいだけ？」といった誤解も生まれています。同僚の教員や保護者も、自分自身が経験したことのない教育方法には不安を感じるかもしれません。不安が反対につながり、「教えない授業」を実践するのが難しい場合もあるでしょう。

そこで、この章では「教えない授業」の実践を持続的に行うために、生徒や同僚、保護者といった教師自身を取り巻くさまざまなステークホルダーとの関係を良好にしていくリレーションシップ・マネジメントについてお話しします。

先生を取り巻くステークホルダー

第2章でお話ししたパブリック・リレーションズは、さまざまなステークホルダーとの関係を良好に構築していくリレーションシップ・マネジメントのスキルでした。この考えを「教えない授業」の持続的な実践のために取り入れていくには、まず教師自身の周りにあるステークホルダーを実感することから始めましょう。

次ページの図を見ると、教師の周りには実に多くのステークホルダーが存在していることが分かります。この一つ一つのリレーションシップを良好に築いていくことが、「教えない授業」といった教育実践を持続的に行っていくために重要になります。それぞれの関係を築いていく上で、理解しておかなければならないことが二つあります。

一つは、「教えない授業」の目標を共有することです。「教えない授業」で目指すのは、「リアルな社会で自律してハッピーに生きていく自律型学習者の育成」になります。この目標に向けて、"○○先生は「教えない授業」を手段として行っているんだ"という理解をしてもらうことが大切です。さま

第5章 「教えない授業」を持続させる
リレーションシップ・マネジメント

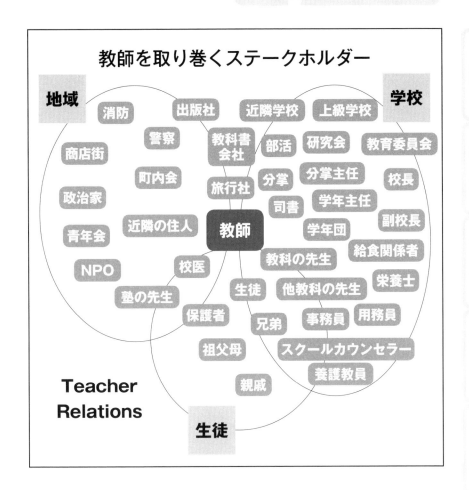

ざまな手段がある中で「教えない授業」は重要な手段の一つであり、「教えない授業」が目的化しないように留意しましょう。

　もう一つは、「双方向性コミュニケーション」の重要性です。上の図では教師が真ん中に書かれているので、情報発信者として常に全体の中心に位置しているように見えますが、一方、生徒から教師を見た場合は、教師はステークホルダーの一つで、学校というカテゴリーの一因子にすぎません。

　つまり、情報発信者であると同時に受信者でもあると意識しなければならないのです。その両方の視点を持つことが双方向性コミュニケーションにつながります。

さらに、この双方向性コミュニケーションは対称である必要があります。つまり、お互いに対等なパートナーシップを組んで対等に情報を発信し合うことが、良好なリレーションシップをつくっていく上での基本的態度になります。一方的に、上から目線で言いたいことを伝えるのでは良好なリレーションシップは生まれません。相手の話もよく聞いて、コミュニケーションが双方向で「対称」になるように心掛けましょう。

　そして、この双方向性コミュニケーションは、第2章でお話ししたように、「お互いに相手を尊重しハッピーかどうか」という倫理観に基づくGPSで俯瞰し、目標に向かってより良い手段へ自己修正していくことが重要です。例えば、授業がうまくいかないときも、目標はぶれずとも、手段を修正していく態度が重要です。「倫理観」「双方向性コミュニケーション」「自己修正」というパブリック・リレーションズの3つの柱を全てのリレーションシップの土台にしましょう。

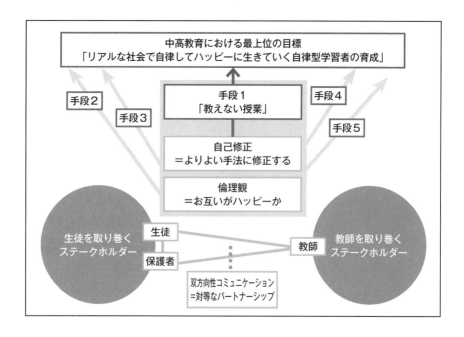

第5章 「教えない授業」を持続させる リレーションシップ・マネジメント

✓ 生徒とのリレーションシップ・マネジメント

　生徒と良好なリレーションシップを築いていくためには、生徒を取り巻くステークホルダー（37ページの図を再掲）を理解しなければなりません。

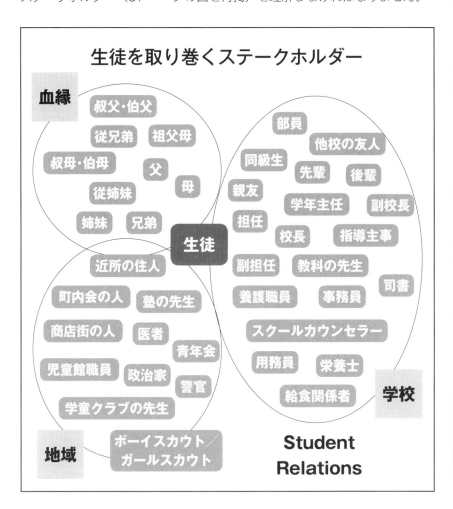

　図のように一人の生徒の周りには実に多くのステークホルダーが存在します。ですから、その生徒に発する言葉は、周りのステークホルダーにも届く

ことを意識しなければなりません。どのステークホルダーもその生徒の幸せを願います。その生徒の可能性を信じます。その生徒にどのような言葉を掛けるべきか意識を向けることが大切です。

　間違いなく言えることは、どの生徒も可能性に満ちあふれているということです。できないことがあるから学校で学んでいるわけで、「できないこと＝彼らの可能性」なのです。

　例えば100点満点のテストで20点を取った子に何と声を掛けますか？その生徒を取り巻くステークホルダーを意識して考えてみてください。ネガティブに捉えると、「20点しか取れなかった」「このままでは入試でも心配だ」となるでしょう。ポジティブに捉えると、「君には80点分の可能性があるよ」「できないことは、できるようになる可能性に満ちあふれているんだよ」となります。生徒と生徒を取り巻くステークホルダーにとって、どちらの言葉掛けがハッピーでしょうか。

　教師の言葉掛けでは、可能性を信じるポジティブなことを生徒に本気で言ってあげることが大切です。そして、その可能性を本気で信じてあげましょう。その上でその可能性を実現させるお手伝いをするのが教師の役目です。

　ネガティブな言葉も、ポジティブな言葉も必ず、生徒の周りのステークホルダーにも届きます。言葉には力があります。広がり、波及していく力があります。波及していくのなら、ポジティブな言葉で子どもたちを包んであげたいと思います。日本の子どもたちは諸外国に比べて自己肯定感が低い傾向にあるという内閣府のデータ（2011年）がありますが、その原因には、教師の言葉掛けや態度にもあると感じています。

1. 教師と生徒の対等なパートナーシップ

　「教えない授業」では、先生が一方的に「教える」のではなく、時に生徒からも「学ぶ」場面がたくさんあります。先生が「生徒から学ぶ」という意識を持って初めて、対称的な双方向性コミュニケーションが生まれるのです。

　まずは、全て先生が教えなければいけないという概念を捨て、生徒と共に学び合うという、対等な関係を持つことを心掛けましょう。「生徒による授業」や My Question, My Opinion などからは、本当に学ぶことがたくさんあ

ります。僕が苦手な理系の内容や、アニメ、プログラミングなどでは生徒から学ぶ機会が多くあります。このように、お互いに得意、不得意を組み合わせ、双方向に「教える」「学ぶ」という関係をつくりながら授業が進んでいくことを意識しましょう。「教えない授業」では、教師が一方的に教えなければならないという既成概念は、捨てなければなりません。

　本書も、僕からの一方的な発信を避けるという考えで、生徒たちの声を多く載せています。

2. 生徒と共通の目標を共有する

　「教えない授業」で学んでいく先にはどのような姿があるのかを、生徒にもしっかり伝えましょう。「教えない授業」のような生徒主体の授業では入試に通用しないのではという誤解が、不安につながる場合があります。この多くは、教師自身や保護者が持つ入試での成功体験がもとになっています。つまり、英語の勉強といえば予備校などで知識を効率的に覚えていくというイメージが根強くあるからでしょう。

　しかし、AIの浸透などにより、社会構造が変化している中で、入試のあり方も変化し、出題内容もリアルな社会での英語の使用を意識したものが増えてきています。そもそもリアルな社会につながる学びを主体的に行っていくと、付随する知識が自然に身に付いていきます。その過程に入試があります。生徒主体の授業は、リアルな社会につながるだけでなく、入試にも対応できることを伝えると、生徒に安心感を与えることができます。

　僕は、1学期の早い段階で、スライドを使って、社会の変化と学校での学びについて生徒にプレゼンテーションをします。その中で、僕が行っている「教えない授業」について、過去の実践の映像を交えながら話します。実際の映像は、具体的なイメージにつながるので、生徒の活動をこまめに撮影することをお勧めします。さらに、入試で必要とされる学力も伸びることを、模試や入試の結果も提示し、入試も突破できるという安心感も与えています。実際の入試問題を見せるとより実感につながっていきます。

　そして、先生がいなくても自律して学んだり、入試に挑戦したりする姿をイメージさせましょう。イメージすることで「リアルな社会で自律してハッ

ピーに生きていく自律型学習者」という目指すゴールが具体化され、生徒が理解できる目標になります。

　生徒と目指す目的を共有するには、映像なども使い、生徒がどのような姿に成長するのかを生徒自身にもイメージさせることが大切になります。

❀ 3. 生徒に「選ぶ」チャンスを与える

　生徒に「教えない授業」で目指すゴールを示した上で、生徒に授業の進め方を選ぶ機会を与えましょう。どのような授業にするかを教師と生徒が対等なパートナーシップを組んで作っていくイメージです。

　例えば、今年度受け持った高校2年生の英語表現のクラスでは、次のようなやりとりをし、生徒と授業を作っていきました。この授業では、文法ベースの教科書と問題集を使って、主に文法や表現を学んでいきます。ここで、一通り僕の理念と目指すべきゴールを話した後、次のように聞きました。

> 「予習で問題を解き、僕が授業で答え合わせと解説を行う授業と、疑問に思ったことを自分たちで調べ、3分の動画にまとめてクラスで共有する授業と、どちらにしますか？」

　今まで、教師主導の授業に慣れていた生徒たちは当初は戸惑った表情をしましたが、ビデオを作成する授業を選択しました。この「選ぶ」という作業が、学びを自分ごと化し、主体的に学んでいくために大切な作業になります。

　たとえ、どんなに優れた指導法でも、教師が一方的に押し付けるのではなく、生徒に意見を聞き、授業方法を決定していくプロセスを双方向性コミュニケーションでつくっていくことが大切です。

　ちなみにこの時のいくつかの班は、期限までに動画を撮影することができませんでした。なぜなら、「疑問に思うこと」を見つけるのに時間がかかり過ぎたためです。この経験から生徒たちは、「疑問を見つけるには、しっかり知ること」が大切だと気付きました。

　この後、生徒たちは「10分だけ先生が教えてほしい」という要望を出してきました。僕は、授業の最初の10分だけ、ポイントを解説したり、例題

を示したりしてから生徒に授業を預けるようにしました。このように、一方的に授業スタイルを押し付けるのではなく、双方向性コミュニケーションを通して、指導方法を修正していくことで、生徒も「自分たちが授業を作っていくんだ」と意識するようになり、自律した学びにつながります。

このスタイルに慣れた後、Design for All（皆のためのデザイン）という活動をしました。これは学んだ内容を自由にデザインしてアウトプットする活動です。学んだことをアウトプットすることで自分の理解が深まるだけでなく、クラスの全員の理解を深めることにも貢献するというものです。具体的には学んだことを以下の手段の中から自由にデザインさせました。

☑ 文法項目の解説を（動画・プリント）で作る
☑ 教科書の例文を使ったスキットを作り（動画・プリント）にする
☑ 教科書の問題をひたすら解き、分かったことを（動画・プリント）にする
☑ 教科書の内容に関連する内容でアウトプットデザインをする（歌・物語・絵本・絵……）

※（　）内は生徒が選びます

活動の内容だけでなく、個人、ペア、グループといった活動形態も選ばせます。繰り返しになりますが、活動内容や活動形態を選ぶことで責任が生まれ、主体性につながります。そしてやるべきことの To Do リストを次のように示し、Multitasking with Time-management の考えで、複数のタスクを時間の折り合いをつけながら活動させます。

☑ トレーニング
Small Teachers / Two-One Method / Quick Response /
Back Translation / Question Making
☑ 教科書の練習問題
☑ Design for All の作品作り

序章で紹介したように、生徒たちは何が学校でできて、何が家でできるかを考えながら、授業でやることの優先順位を付け、時間配分を決定するようになります。学校でしかできない協働活動に価値を見いだし、ワークを解くなどの学習の個別化は授業以外でもできることに気付きます。このサイクルができると、宿題の存在が、主体的な学習の妨げになります。生徒たちを信じ、宿題などは無しにして、生徒に学びの選択ができる時間の余裕を与えることが、自律型学習者を育てる上で大切になります。

　この学びのアウトプット活動は、学びのデザインと言ってもいいでしょう。デザインを考えるときに意識したいのが 前述の Design for All の考え方です。Design for All はもともとユニバーサルデザインの考え方の一つです。リアルな社会では、商品だけでなく場所や空間も Design for All の考えのもと、誰もがハッピーになり、ワクワクするようなデザインが求められています。商品や場所をデザインするのと、教科書の学びをデザインすることは同じ発想でできることを、生徒には感じてほしいと思います。教室内の友達がワクワクするデザインができなければ、リアルな社会でもワクワクするデザインはできません。

　この時の生徒たちの作品には、縫いぐるみを使った解説動画や関心を引くような「問い」から始まるワークシートなどの工夫がありました。作品作りを通して、どのような作品を作ると自分の理解が深まったか、どのような作品が学びたくなったか、こういった観点で振り返りをすると、次の作品作りのモチベーションにつながります。

ユニバーサルデザインにおける Design for All

70 億人、そして 90 億人となる多様な地球市民たちとのシェア
次代のユーザーである子どもたち、またまだ見ぬ孫たちとのシェア
次代に継承すべき価値を生み出した、なき先人たちとのシェア
人間を含めた、全ての多様な生物、自然生態系とのシェア

赤池学（ユニバーサルデザイン総合研究所所長）

第5章 「教えない授業」を持続させるリレーションシップ・マネジメント

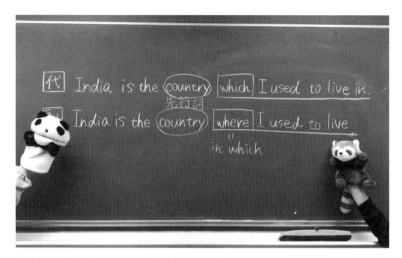

生徒（高校2年生）による関係代名詞と関係副詞の解説動画

✅ 保護者とのリレーションシップ・マネジメント

　保護者は、生徒を取り巻くステークホルダーの一つだと理解しましょう。生徒に発する言葉は、保護者にも届きます。基本的に生徒とのリレーションシップ・マネジメントの延長線上に保護者がいます。生徒の幸せは、保護者の幸せにつながります。生徒とのリレーションシップ・マネジメントと同じで、お互いに生徒の可能性を信じるコミュニケーションが大切です。

　保護者と話すときは、子どもたちの幸せを願い、可能性を信じる視点を大切にしましょう。「教えない授業」で育つ生徒の自主性や学力の向上などの可能性を話し、ワクワクしてもらうことが重要です。そのために、生徒に対するのと同じように丁寧に説明し、お互いに対等な双方向性コミュニケーションができるように、保護者からの意見にもバランス良く耳を傾けましょう。

🌸 1. 保護者と共通の目標を共有する

　生徒とのリレーションシップ・マネジメントと同じで、しっかり「目指す目標」を共有することが大切です。どのような生徒を育てたいか、そのため

にどのような教育方法を取るのかを、丁寧に説明しましょう。学校全体で共通する理念を話し、それを共有することができれば、保護者は安心します。つまり、学校と保護者で「目標の共有」をすることが重要なのです。

具体的には、さまざまな教科が、学校が目指す方向と同じ方を向いて行うことを伝えることが大切です。ですから、そもそもの前提としてそれぞれの教科で目指すべき方向性と学校の方向性が一致しているかをしっかりと話し合うことが、必要になります。

社会の変化に伴う必要な教育、生徒が社会に出るまでの過程で必要になる入試への対応などが、学校からのメッセージとして語られ、英語の授業も同じ方向を向いていると保護者が感じると、安心につながります。

より詳細に関わることとしては、教科の指導の目標には、学校の目標や校訓を入れるとつながりが見えやすくなります。東京都立両国高校の「自律自修」や東京都立武蔵高校の「向上進取の精神」は、自律型学習者に必要な資質です。これらのキーワードを使って英語の授業で目指す生徒像を説明できると分かりやすいでしょう。なお、「教えない授業」と学校目標とのひも付けは、管理職と良好なリレーションシップを築いていく上でも重要になります。

また、目指す目標を分かりやすい言葉で伝えることも重要です。一般の公立中学校で学校改革を成功させている千代田区立麹町中学校の工藤勇一校長は、学校の目指すべき最上位の目標を以下のように表現しました。

　　　生徒たちが「世の中ってまんざらでもない！　結構大人って素敵だ！」と思える教育

このような言葉は分かりやすく、全ての保護者、生徒、教職員で共有しやすい目標です。目指す目標に向かって、「教えない授業」を"手段"として実施していることを伝えることが重要になります。

保護者会は、教科で目指すべき方向を伝える絶好の機会です。学校や学年で連携を取って、教科担当から説明する時間を確保しましょう。そこで、「変化する社会で、自律して互いを尊重しハッピーに生きていく」生徒の姿を共有し、その過程での入試などへの対応が説明できると、保護者は安心します。

2. 保護者に手段の自己修正を伝える

　保護者は、「教えない授業」やPBL（Project Based Learning）といった、自身が経験したことのない教育方法には不安を感じます。その一つが、「自分の子どもが、この教育方法に合わなかったらどうしよう」という不安です。

　しかし、重要なのは「教えない授業」やPBLといった教育方法は、目標達成の手段にすぎないということです。目標達成のために、手段の変更はいくらでもあり得ます。目指す「自律型学習者の育成」という目標に向かってさまざまな手段を取っていくことも伝えましょう。

　例えば、9割の生徒が「教えない授業」の方法で成果を出したとしても、1割の生徒が授業スタイルに合わなかったとします。この1割の生徒たちのために指導方法を改善していくことを伝えましょう。

　つまり、教育方法は多数決では決めないということです。目標達成できなかった1割の生徒にとってどのような教育方法が適切なのかを考え、たくさんある手段の中から対応を考えていく必要があるのです。補助教材の活用やICTの活用も、さらに先生が「教える」ことも一つの選択肢であることを伝えましょう。

　「教えない授業」はあくまでも一つの方法であって、目標達成のためにさまざまな手段を取ることを伝えると、安心してもらえます。

3. 保護者に入試に対応することを伝える

　「教えない授業」やアクティブ・ラーニング、PBLなど保護者にとってなじみの薄い教育方法には、さまざまな先入観や誤解がつきまといます。一番多い先入観は、これらの教育方法では入試に対応できないというものです。

　今、入試は大きく変わろうとしています。センター試験は2019年度（2020年1月）の実施を最後に廃止され、これに代わり2020年度からスタートするのが「大学入学共通テスト」（以降、「共通テスト」）です。これまでのセンター試験と同様、1月中旬の2日間で実施されます。

　特に英語は4技能（読む・聞く・話す・書く）を評価するため、実施形態を含めて大きく変わります。英語は2020年度から2023年度までは大学入試センターが作問し共通テストとして実施する試験と、民間の資格・検定

試験の両方が用意され、各大学はいずれかまたは双方を利用できます。このうち、大学入試センターが作問する英語の試験については、現行の「筆記」は「筆記（リーディング）」に改められます。試験時間は「筆記（リーディング）」80分、「リスニング」60分（うち解答時間30分）と変更ありません。

　注目すべきは、出題内容です。民間の資格・検定試験はそもそも入試のために開発されたものではなく、リアルな社会で英語を手段として活用する力を測るために開発されたものです。選ばれた試験の目的は留学であったりビジネスであったりしますが、どの試験もリアルな社会で使用する英語を意識した4技能（読む、聞く、話す、書く）の出題になっています。

　共通テストもこれまでのセンター試験とは出題傾向が大きく異なり、インターネットや新聞などを読んで答える問題や、ディベートやプレゼンテーションを意識した出題も見られます。センター試験に見られた暗記重視の発音・アクセント問題や文法を問う問題は一切ありません。

　これは、今まで「受験英語」と揶揄されていた入試が、リアルな社会に求められる英語に近づいてきたことを意味します。保護者にはこう行った変化を実際に入試問題を見せて、実感してもらうことが大切です。

【Open-Ended Questionの自由英作文出題例】
●青山学院大学経済学部A方式（2018年度）
　次の質問について，下の注意点に留意し，50語以内（ただし，句読点は除く）の単語数の英語で答えなさい。
What responsibility do airlines (and other companies in Japan) have regarding customers with physical disabilities?
Be certain to tell us your opinion and use at least one example not from the article.
●大阪大学（2018年度）
　人生，誰しも失敗がつきものですが，あなたはこれまでどのような失敗を経験し，そこからいかなることを学びましたか。最も印象的な事例を具体的に1つあげ，70語程度の英語で説明しなさい。

「教えない授業」でプロジェクトに取り組んだり、4技能を活用した活動をしたりすることが入試にも一直線につながっていくことを感じることができれば、保護者は安心します。学校の授業がリアルな社会にもつながり、その過程が入試にも通用することを授業デザインにしていきましょう。

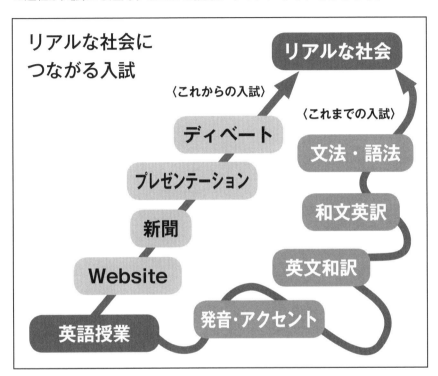

同僚とのリレーションシップ・マネジメント

先生たちの間にもアクティブ・ラーニングや「教えない授業」では入試に通用しないという誤解が根深くあります。特に、進学校などで、教え込みの授業を長年行い、進路成果などにもつながっている成功体験を持ったベテランの先生たちの固定概念は、とても強く感じます。経験の浅い、若い先生が「教えない授業」を実践しようとするとき、周りの先生の反対でできないという悩みもよく聞きます。

同僚とのリレーションシップ・マネジメントも、パブリック・リレーションズの考えを使って解決することができます。

1. 学校の目指すべき方向性を共有する

　同僚との良好なリレーションシップを築いていくために最も重要なのは、学校として目指すべき方向性を管理職も含め、全教職員で共有することです。これが、学校で教育を行う最上位目標になります。ここを目指して、各教科での教育を同じ方向を向いて行っていくイメージです。

　社会や教育をめぐる変化を考えると、今ほど教育に対して多様な考えが生まれている時代はないと感じます。だからこそ、変化する社会で必要な教育とは何かを議論しやすい土壌があります。このチャンスを生かして、学校全体で議論できる場をつくれるといいと思います。

　学校全体で議論するにはさまざまな方法があるでしょう。テーマに合った講師の先生を呼んで研修会をするのも一つの方法です。しかし、新しい教育の実践は、時に上から目線で「変えなければならない」につながり、先生たちのモチベーションを下げることが多いと感じます。

　そこで、提案したいのが、ある映画を使った研修です。112ページで触れた"Most Likely to Succeed"という米国のHigh Tech Highという公立のチャータースクール（特別認可学校）を舞台に教育のあり方を考える映画があります。人工知能（AI）やロボットが生活に浸透していく過程もよく描かれており、これからの社会のあり様も視覚的に理解できます。その中で、これからの子どもたちにどのような教育が必要なのかを考えていくことができます。High Tech Highは受験偏重型教育と異なり、生きる力をつけるプロジェクトベースの授業がメインの学校です。テストも宿題もありません。しかし、子どもたちは目を輝かせ、夜中まで作品作りに取り組みます。その過程で、実に多くのことを学んでいる様子が見られます。一方、「受験は大丈夫なのか」といった生徒や保護者の不安も描かれており、変革期にある学校のあり方を自分ごと化して考えることができる映画です。

　この映画を用いた研修を通して、全教職員が、教育のあり方を自分ごと化しボトムアップで学校の目指す先を作り上げられるのではないかと感じてい

ます。教師も自分たちで「選んで」「決めていく」ことがモチベーションを高めることにつながるのです。実在の学校の実践に触れることで、具体的な教育がイメージしやすいのも映画のいいところだと思います。

　"Most Likely to Succeed"は2015年の公開以来、日本でも学校や研究会、図書館などで草の根的に上映されてきました（2018年12月現在23都道府県で120回を超える上映会を開催）。この映画のアンバサダーを務める竹村詠美さん（一般社団法人FutureEdu Tokyo代表理事）はホームページを通じて上映方法を提案されています。DVDの購入や、FutureEduに上映会を依頼することも可能です。まずは、管理職の先生と鑑賞してみてはいかがでしょうか。

・Most Likely to Succeedの自主上映会主催について（FutureEduホームページ）
http://www.futureedu.tokyo/most-likely-to-succeed/how-to-host-screening

　実際に、2019年1月4〜6日には、経済産業省の「未来の教室」実証事業として映画"Most Likely to Succeed"の舞台となったHigh Tech Highの先生2名（小1を担当しているJamelle Jones先生と高2の生物を担当しているJohn Santos先生）を日本に招いたPBL研修が行われました。この研修はMistletoe株式会社（創業者：孫泰蔵）、一般社団法人FutureEdu（代表理事：竹村詠美）、一般社団法人こたえのない学校（代表理事：藤原さと）の三者で結成したSOLLA（Self-organized lifelong learning alliance）により計画・運営され、全国から見学を含め60名の先生方が参加し、僕も参加しました。High Tech HighでSTEAM（Science, Technology, Engineering, Arts, and Math）に重点を置いたPBLを実践している先生から、PBLの理論と事例をワークショップ形式で学んでいく内容でした。

　自分の学校でPBLを行うことを想定したプロジェクトの設計を軸に、プロジェクトのデザイン方法（Project Design Poster）や改善方法（Project Tuning）、またプロジェクトを意味のある学び（Significant Learning）にしていく具体的な方法を体験を通して学んでいきました。実際に体験することで、生徒視点でPBLを感じることができた研修でした。

　この研修の大きな特徴は、同じ学校から2名で参加するという条件がある

ことです。2名いれば研修で学んだことを生かしながらPBLを学校に導入しやすいでしょう。僕も同僚と参加しましたが、具体的なHigh Tech HighのPBLのイメージが膨らんだのと同時に、同僚や他の学校にPBLを広めていく研修もできると感じました。実際に今後、High Tech Highから学んだPBLを日本の学校に取り入れていくための研修を行っていく予定とのことですので、SOLLAのホームページ（https://www.solla.me/）などをチェックしてみるとよいでしょう。

2. 英語の授業で目指すべき方向性を共有する

　全国で講演する際、先生方の要望をお伺いすると、一番多いのは、「アクティブ・ラーニングの手法」や「教えない授業の手法」といったHow toの内容です。しかし、How toを扱う際でも僕が大切にしているのは、**なぜその活動をするか**という理念です。ですから、講演ではかなり時間を使って、「なぜ」の部分を話して、「教えない授業」の目指す方向性をじっくり共有するようにしています。

　繰り返しになりますが、「教えない授業」で育てたい生徒の姿は次のようになります。

> 「リアルな社会で自律してハッピーに生きていく
> 自律型学習者の育成」

この最上位の目標を同僚の先生と共有することから始めなければなりません。どの先生も生徒たちが幸せに生きていくことを願って授業をしています。ただ、多忙で、目の前のテストや入試の成果などを求められ、本当にやりたい教育にたどり着いていないのが現状ではないでしょうか。

　日本の学校は、この最上位の目標を共有することが苦手です。やるべきことに追われ、理念を語る時間がありません。しかし、理念をしっかり共有すれば手段は無数にあるので、お互いに授業に干渉し合わなくても、目標に向かった教育ができるのです。

　職員会議や教科会で、どのような生徒を育てたいのかを話していくことが

大切です。Can-do リストの作成をする際などは大きなチャンスです。小目標を Can-do で作っていく先にある「育てたい生徒像」を共有していきましょう。その中で、「教えない授業」を一つの手段として実践していくことが自然の流れになることが理想です。

3.「教えない授業」の手法を共有する

　新しい教育に対して、一歩踏み出せない理由は、「何をすればいいか分からない」ことにあると思います。本書で紹介する活動などは、どれも指導するのに難しいものではありません。しっかり理解すれば、新卒の先生でも実践可能です。

　生徒を信じて活動を見守り、そこから生まれてくる生徒たちの笑顔を感じられることが「やってみよう」につながります。ですから、どんなときでも授業はオープンにしましょう。同僚、先輩、他校の教師など、授業に見学に来てもらえたら大きなチャンスです。僕の授業も、いつでも見学は可能にしています。その際僕は、授業に見学に来ていただく先生に以下のことを出していただくようお願いしています。

　　　　①授業の改善点を3つ
　　　　②授業の良かったことを1つ

　見学する先生にとっては、①の改善点を意識して授業見学することで、授業を自分ごと化することができます。また、授業見学される側にとっては、アドバイスをもとに、授業改善につなげることもできます。とはいえ、改善点ばかり挙げられると、落ち込んでしまいますので、②の良かったことにも一つ触れていただくとよいでしょう。ご自身の授業を見学してもらったときのことを考えると、②があることで、自分自身の承認欲求も満たされることが分かるでしょう。授業見学を通して、先生たちに自分ごと化してもらい、「やってみよう」につながるのが理想的だと感じています。

COLUMN 5
「先生が育ててくれたのは、『他人に感謝する心』だと感じます」

　中学1年生から高校3年生まで山本先生の授業を受けていました。ただそれが「教えない授業」だったのかどうか、先生の言う「教えない授業」が6年間のうちのいつから始まったものなのかははっきりとは分かりません。ただ、自分で英語をしゃべる機会が多く楽しい授業だと思っていました。

　小学校の頃は、英語を学んだことがなかったので、中学校に入って初めて山本先生の授業で英語を学び、好きになって得意になりました。中高の6年の間では、あまり「英語観」みたいなものを意識したことはありませんでしたが、英語力は、比較的高い方だったと思います。中学1年から英検を受け始め、中学3年で英検2級に合格しました。4技能でいうと、一貫してリスニング力がいちばん高かったです。やはり、「好きになる」ということで力は伸びるのだと感じます。

　そしてもう一つ、先生の授業からは、さまざまな学びの形を知ることができ、学びに向かう姿勢を養うことができました。高校3年の時に受けた授業（この時点では確実に「教えない授業」だったと予想します）で、学びに関する情報の場所だけを教えられ、その場所まで自分の足で歩いて情報を集めにいくというスタイルの活動を行ったことがありました。これは、大学の研究の中で行っているフィールドワークの方法に、大変類似していると感じています。大学での学びに重要となる「自分から学ぶ態度」は、山本先生の授業から得たものだと思います。

　ただし、私は今、山本先生の授業が育ててくれたのはこうした英語力や学びの姿勢だけではなかったんだ、ということを強く感じています。勉強面の話ではないので、少し的外れかもしれませんが、先生が育ててくれたいちばん大事なものは、「他人に感謝する心」だと感じているのです。

　高校時代の授業を振り返ると、活動のほとんどがグループワークでし

――筑波大学　人間学群教育学類2年　石鍋 杏樹

　た。そして、そのグループワークで行うのは、メンバーで協力して何かを成し遂げるような活動がメインでした。その時に先生が活動の約束事としていたことの一つに、"Say thank you."がありました。メンバーの誰かが仕事をしてくれたら班員全員が感謝を伝えます。これは、どんなにささいな活動であったとしても、必ず行われました。この約束事がクラスの人間関係を良好にし、どの生徒も過ごしやすいクラスの雰囲気を作っていました。

　大学に入ってからも、グループワークをする機会はあります。その時、ささいなことに対しても私は自然と感謝の言葉を口にします。すると、言われると思っていなかったのか、それとも言われた経験がないのか、理由は分かりませんが、多くの人が少し驚いた顔をするのです。そんな経験から私は、山本先生の授業では感謝を伝えることを学んだんだな、と実感するようになりました。そして、「感謝を伝える」ということは、今後の人生や仕事においても大事なことではないかと思います。

　私が今、大学で学んでいるのは教育学です。中学・高校での学びを通して、疑問に思ったことを解決したいと思ったことと、単純に学校が好きだったという理由からです。まだまだ学ぶべきことはたくさんありますが、現代の教育が抱える課題に関する理解を深め、子どもたちや日本の将来に資するような職業に就きたいと思っています。

第6章

【座談会】
実践報告＆お悩み相談会

● 座談会参加者（左から順に）：
佐藤桃子先生（千代田区立麹町中学校 教諭）
大石晶子先生（明星学園高等学校 教諭）
山本崇雄先生（東京都立武蔵高等学校・附属中学校 指導教諭）
町田恵理子先生（大田区立大森第六中学校 教諭）
濱田駿佑先生（学校法人小林学園 本庄東高等学校 教諭）

「**教**えない授業」は少しずつ全国の教室に広がっています。ここでは、「教えない授業」の実践経験をお持ちの４人の先生方にお集まりいただき開催した座談会の様子をご紹介します。実践の結果、悩んだり困ったりしたことをお話しいただいた上で、生徒の自律的学習を促すための改善案を、山本崇雄先生と共に協議していただきました。

✓「教えない授業」との出合いと実践

──最初に、自己紹介を兼ねて、皆さんと「教えない授業」の出合い、そしてご自分の授業への導入を決意された理由をお話しいただければと思います。

大石晶子先生（以下、大石）：明星学園高等学校の大石晶子です。「教えない授業」と出合ったのは実はつい最近で、この夏のことです。産休から戻ってからの初めの１学期を終えたところで、教員としてのキャリアも考え、新たな目標を立てようとしていた時期でした。「自分は生徒たちを、本当の意味での英語好きにさせてあげられているだろうか」という自問自答を繰り返す中で、山本先生の講演を聴き、衝撃が走りました。そこで、問いの答えは山本先生の授業にあると直感し、すぐに授業見学をさせていただくことにしました。

　自分の授業に「教えない授業」を取り入れるようになったのは２学期の途中からなので、まだ２カ月半ほどですが、生徒たちが授業を生き生きと受け、英語を楽しそうに話す様子に驚いている毎日です。

佐藤桃子先生（以下、佐藤）：千代田区立麹町中学校の佐藤桃子です。私は昨年の冬、本校校長の工藤勇一（134ページ参照）から「素晴らしい先生がいる」と山本先生を紹介され、授業見学をさせてもらったのがきっかけでした。

　初めて拝見したのは中学１年生の授業でしたが、まず驚いたのが、"Listen to me!"などという声掛けが一切ないことでした。その日のタイムスケジュールをぱっと提示し、各班のリーダーにタイマーを渡したかと思った次の瞬間、

生徒たちがグループで活動しているんです。そして何より、生徒たちの本当に楽しそうな姿が衝撃的でした。何人かの生徒がALTの先生のところに行って話をしていたので、そばで聞いてみると、フランクな会話でありながら、使っている英語のレベルが中1と思えない程高い。そんな様子を見て、自分の授業にも取り入れたいと思ったんです。

濱田駿佑先生（以下、濱田）： 本庄東高等学校の濱田駿佑です。私は大学4年生の時に山本先生のセミナーを受講して、皆さん同様、大きな衝撃を受けました。それで、教員になった最初から2年間、一貫して「教えない授業」を実践しています。

　これは、私が英語の教員を志望した理由でもあるのですが、紛争や難民問題など、世界中で起きているさまざまな問題に対して、自分がどう貢献できるかと考えたときに、生徒に「言葉の力」を身に付けさせる教育をしたいと思っていました。2年目の今、生徒たちからは、「英語がすごく楽しくなった」という声だけでなく、「自分も世界で何か貢献したいと思えた」という声も上がるようになってきていて、やりがいを感じているところです。

町田恵理子先生（以下、町田）： 大田区立大森第六中学校の町田恵理子です。3年ほど前になりますが、山本先生に授業研究会でご指導いただいたのをきっかけにご著書を読ませていただき、目からうろこが落ちました。

　持続可能な社会を目指していく中で、山本先生のおっしゃっている「自律した学習者を育てる」というコンセプトは英語という教科を超えて大事なことだと思いました。ちょうど海外派遣研修から戻ってきたところだったこともあり、いい機会だと思って、ご著書を参考に授業を一から組み立て直しました。今担当している3年生が1年生の時から、できることから実践させていただき、持ち上がりで3年間挑戦してきたところです。

――お悩み相談を始める前に、皆さんの実践例とその結果を簡単にご紹介いただけますか。大石先生から順にお願いします。

大石： はい。私は高校2年生の「コミュニケーション英語」のクラスで、「動名詞完全プリント」を作成する活動を行いました。A4サイズの紙の真ん中

大石晶子先生
明星学園高等学校 教諭

生徒たちが作成した
「動名詞完全プリント」

に「動名詞」とだけ書いたプリントを配って、動名詞について友人に説明するプリントを自由に作成する、というものです（99〜101ページ参照）。

　スマートフォンの使用も許可し、「自由に調べながら取り組んでいいよ」と伝えたところ、生徒たちは生き生きと、それぞれに工夫を凝らしてプリントを作り始めました。印象的だったのは、生徒たちが何度も「書き直したいので新しい紙をください」と取りに来たことです。英語が不得意な生徒も、何回も書き直しながら頑張って取り組んでいて、これには実践して本当に良かったと感じさせられました。おそらく生徒たちは、この活動を通して「人に教えるにはまず自分が理解しないといけないんだ、そしてそれを分かりやすく伝えるにはさらなる理解と工夫が必要なんだ」ということを感じ取ったのだと思います。

　作品の一部を持ってきたので、ぜひご覧いただきたいのですが、生徒たちにはモデルも何も示さずに、「教師を超えるものを作ってほしい」とだけ伝えました。そして実際、その集中力の高さ、創意工夫において、私の想像をいとも簡単に超えてきてくれました。今でも生徒たちは「あの活動は頑張っ

第6章 【座談会】実践報告＆お悩み相談会

環境問題の解決を目指す
アイテムやアイデアの
リポート

佐藤桃子先生
千代田区立麹町中学校 教諭

た。とても勉強になった」と言っています。

佐藤：私はこの春から中学3年生に対して、教科書の内容を「教えない授業」スタイルで扱ってきました。実践して良かったなと思うところは、教科書を飛び越えた学びができることです。

　レッスンで「リサイクル活動をしよう」というトピックが出てきた時は、山本先生のSDGsと結び付ける授業を参考にさせていただきました。マインドマップを使って、世界中で今、どんな環境問題が起きているのだろう、と書き出すことから始め、砂漠化、森林伐採、地球温暖化などいろいろな問題に触れた上で、「それをどんなふうに解決していきたいか」を、「My Opinion」(50～51、86ページ参照)から派生させて考えさせました。次に、コンピュータールームを使い、自分が選んだ環境問題の解決を目指すアイテムやアイデアをインターネットで探し、リポートを書いてもらいました。

　英語が苦手な生徒も、「先生、これを伝えたいんだけど、英語でどう書いたらいいですか？」と質問してくるようになって、気が付くと楽しそうに友達と英語で話し始めていて驚きでした。個の学びから集団の学びになったこ

濱田駿佑先生
学校法人小林学園 本庄東高等学校 教諭

授業冒頭、パワーポイントで授業のルールを表示

Class rules
① Enjoy making mistakes
② Help each other
③ Say " Thank you " when your friends do something for you

とで、「人に伝える」という意味付けができたことが大きいのだと思います。

濱田：高校2年生の「コミュニケーション英語Ⅱ」の授業で、教科書の内容を「教えない授業」スタイルで扱っています。僕が今担当しているのは、英語が苦手な生徒が多いクラスなので、活動に入る前に、パワーポイントを使ったフラッシュカードのスタイルで、単語を一通り確認したり、イラストから本文の内容を推測させたりという準備のプロセスを踏んでいます。その上で、ジグソー法（66ページ参照）を使った本文の読解を行います。4人グループで本文の内容に関する10個の問いに挑ませます。メンバーそれぞれが教室の四隅に張ってある文章を読みに行って情報を集め、グループに還元します。10個の問い全てを解決し、答えを僕に提出したら完了です。

　実践の効果として、まず生徒たちが1人も授業中に寝ないこと(笑)。グループのメンバーの足を引っ張りたくないという気持ちから、皆必死に友達に聞いたり、辞書を引いたりしながら課題に挑んでおり、その姿は真剣そのものです。

　授業の最初に必ず、山本先生の授業のルール（41ページ参照）を確認し

第6章 【座談会】実践報告＆お悩み相談会

町田恵理子先生
大田区立大森第六中学校 教諭

アンネの生きた時代背景に
ついてリサーチして発表

ているのがいいのかもしれません。活動中、"Thank you." "Help each other." などと互いに声を掛け合う姿もよく見られるようになって、協働する力、自分で問題を解決していく力がついてきているのを感じます。また英検などの民間の検定試験にチャレンジする生徒が増え、英語スピーチコンテストに参加する生徒も出てきました。

町田：私はお話した通りで、この3年間、教科書のできる範囲全ての単元で「教えない授業」を実践してきたのですが、今学期は「アンネの日記」をテーマに、新たな挑戦として、大田区から支給された生徒用タブレットを活用しました。

まず、普段であれば動画を見せるなどしてこちらから情報提示してしまう背景理解の部分で、英語のサイトから情報収集する「Timeline Project」を実施しました。アンネの生きた時代背景や生涯をグループで分担し、英語のウェブサイトにアクセスして本物の英語に触れながら、リサーチして発表する活動です。その後、本文理解として、自分の担当部分を絵にして他者に伝えるジグソーリーディングを行い、ポストリーディングとして、電子黒板

にデジタル教科書に記載されているピクチャーカードを提示し、それをヒントに本文をリプロダクションする活動と、平和な社会の実現のために大切だと思うことを英語で話す活動を行いました。

「教えない授業」では、協働することで互いの強みを生かすことができるのでレベル差に関わらず、学習意欲が高まると感じています。特に英語の不得意な生徒がチームのために一生懸命取り組み、大きな成果を挙げる印象があります。それと同時に、英語が得意な生徒もチームメンバーに教えることで力を伸ばすチャンスになっているようです。

ただ、生徒たちも3年目ともなると、「教えない授業」の活動に慣れてしまっていて、マンネリ化してきた部分があるので、毎回の課題設定に工夫が必要になっています。クラスの雰囲気によるところも大きく、同じことをやっても毎回反応は違うので、授業は生き物だな、と思いますね。

――では、ここからは山本先生にもご参加いただいて、実践を踏まえての疑問、お悩みの払拭を目指していきましょう。

山本崇雄先生（以下、山本）：よろしくお願いします。
一同：よろしくお願いします。

✓ インプットは不要なのか？
　文法・単語の導入について

佐藤：実践の中で困ったことが起こったというわけではないのですが、文法の導入について、本当にインプットは必要ないのか、山本先生、そして皆さんのご意見を伺いたいと思いました。今、TEYL（Teaching English to Young Learners、若年層英語教授法。TESOL［英語教授法］資格の児童英語版）の勉強をしているのですが、正しい英文を大量にインプットすること、十分な量のリスニングが必要ということを学びました。「教えない授業」のスタイルとは異なる意見なので、もう一度考えてみたいなと。

町田：私もお伺いしてみたいと思っていました。今担当している生徒たちに

は、1年生の時から、新出の文法を「使える英語」として定着させることを目的に、帯活動等で繰り返しアウトプットをする活動を取り入れています。また、文法への理解を深めるために、各自で文法を調べて「パワーアップノート」と名付けたノートにまとめてくることを家庭学習にし、生徒それぞれの個性を生かしながら、文法説明や例文、マンガやお話など、さまざまな手段の中から選択して学ぶ方法を取っています。そしてパワーアップノートにまとめた内容を授業で他者に説明することによって、さらに知識を深めることにつなげています。

　このように私には、「自分でいっぱい考えて、使わせた方が身に付く」という信念があるのですが、授業アンケートに「文法の説明をしてほしい」と書く生徒が一部いるので、どんなふうに不安を和らげてあげるのがいいのかな、と。

大石：自信がないこと、分からないことを口に出したくないという生徒の気持ちも分かります。気持ちが分かるからこそ、文法の説明をしないというのは、結構勇気の要る決断だと思ってしまいますよね。

濱田：僕は、文法や単語は各自で学べるものだと思っています。そして、僕なんかよりもタブレット通信教材の「先生」の方が上手に説明するな、と(笑)。それで、もういっそのこと、タブレット通信教材の該当部分の動画を宿題として配信してしまうことにしました。強制ではないのですが、見ておかないと和訳ができず、グループワークで貢献できなくなるからといって、見てくる生徒が多いです。

大石：実は私も、単語については自学に委ねることにしました。Sight Translationシート（69ページ参照）を2課分ほどまとめて渡して、「先に渡しちゃうから、単語はいつでも調べられるよね」と言ったら、単語を事前に調べてくる割合がぐんと上がりました。生徒もその方がいいと言っているし、最終的に習得できれば別にいいかと思ったら、気持ちも楽になりました。

山本：第二言語習得の理論では、まさに母語を学んだような手順で、たくさん聞いてインプットすることから始めていきますね。もちろん、たくさんのインプットから始められるのは理想です。ただ、自分自身が英語をどうやって学んできたかと振り返ったときに、少なくとも僕が受けた中高の授業では

たくさん聞いて学んだわけではなかった。英文法を説明されたのが最初で、それを自分で使うようになって何となくつながってきて、最後は理解できた、という感じでした。そしてその後、自分で学ぶ中でたくさんインプットしました。そんな経験があるから、僕は、ある手法や手順にとらわれ過ぎる必要はなくて、でも、「伝えたい」という思いが生まれれば、結果的にその文法を使うことになるだろうと考えています。

　だから、導入するよりも先に「言いたい気持ち」が生まれてしまっているのであれば、いきなりアウトプットさせてしまった方が生徒たちもストレスがないのではないかと思うのです。そして、インプットについても、「教えない授業」では一方的なインプットよりも相互交流を通して得られるインプットを重視します。そのため、All in English で授業を行い、双方向的なインプットを継続的にたくさん与えるようにしているのです。

　僕は英語の授業は音楽の授業に似ていると思っています。

　僕が中学生のときに、すごくすてきな曲をみんなで合唱することになったのですが、一小節ずつ区切って練習していて、しかも間違うたびにその小節を繰り返して練習するから、いつまでたってもサビにいかない。「ああ、もう早く歌いたい」ってじれったくて。

一同：（笑）

山本：間違ってもいいから、とにかく最後まで歌って爽快感を味わった方がいいと思いませんか？　それと同じで英語の教科書も、一行一行完璧に理解しながら読み進めるよりも、まず全部読んで、「あ、なるほど、面白い」と思ってから細部を見ていった方が楽しいと思うんです。

　まずはやらせてみることで、ワクワクする、発見するということがモチベーションになるのではないかと思っています。

　特に、文法の説明を毎回やるのは、時間的負担も大きく大変です。最初に何回かやって、学び方の選択肢を与えたら、後は自分の好きな学び方でやればいい。濱田先生のようにタブレット通信教材の動画を与えたって、なんだって構わないと思います。それが生徒にとっての学び方、理解の仕方、アウトプットの仕方の一つの例になるわけです。

佐藤：「まずは伝えたいという気持ちを優先してあげる」ということですね。

確かに、今の授業スタイルにしてから、どんどん英語を話したり書いたりし始めたのに気が付きました。私自身が大学で学んだ文法の導入方法にとらわれて、「こうじゃなきゃいけない」という殻のようなものを破れずにいたんだと思います。思い込みを外してやってみることは大切ですね。

町田：確かに、文法うんぬんの前に言いたいことがある場合は多いように思います。今、先生から「学び方の選択肢を与える」というお話を伺って、スッキリしました。別に毎回同じようにやる必要はないわけですよね。

山本：さっきマンネリ化の話がありましたが、それも、アウトプットの方法に選択肢を与えたら、改善するように思います。「今回は絵を描かないでまとめてみよう」とか、「矢印だけでまとめみよう」のように新しいハードルを設けてみたり、「折り紙でやってみよう」とか、「ブロックで作ってみよう」のように表現方法を変えてみたり、そういうのでいいんですよ。

アウトプットの仕方というのは、要はデザインする力だと思います。

生徒たちには、世の中をちょっと良くしたり、誰かをちょっと笑顔にしたりする「デザイン」ができるようになってほしいと思っていて、文法のまとめを行うにしても、教科書のまとめを行うにしても、ちょっと誰かの役に立つことを意識してほしいと伝えています。そしてそのデザインの手法の一つとして、言葉である英語がある、という位置づけなのです。だから、表現方法を選ぶのは生徒であって、絵でもいいし、折り紙でもいいし、ブロックでもいい、歌でもいい、と選択肢をたくさん与えてあげればいいと思うのです。その中から選んで表現することで自律的な学びにつながっていくのです。

もしも TESOL などで学んだことがあって、それに面白いと思った方法があれば、選択肢の一つとして生徒に与えてあげればいいと思います。それでまた、生徒にとっては学び方が一つ増えるじゃないですか。このレッスンはどの手法でやるか、とらわれずに、選ばせていけばいいのです。

✓ 活動が盛り上がっていたら続ける？ 授業時間のコントロールについて

大石：まだ実践を始めたばかりだからだと思うのですが、ある活動を行うの

に、1時間充てる計画だったところを3時間使ってしまったことがありました。生徒たちが集中して取り組む様子を見て判断したわけですが、ちょっと時間を使い過ぎてしまったかな、残りを宿題にすればよかったかな、などと悩んでしまいました。皆さんは授業時間をどうコントロールされていますか。

佐藤：私は年間指導計画を立てるときに、時間をかけて発展活動をさせたい単元と、サクッと終わらせてしまう単元を決めてしまって、その通りにこなすようにしています。

町田：私も同じですね。ここはさっと扱うだけでいいかな、という単元で調整します。

濱田：僕の場合は、1時間の中で、まず教科書の内容の活動を行って、それ自体はすぐに終わる、その後の余った時間をアクティビティに回す、というように流れを決めているので、時間を使い過ぎる、ということはありません。生徒にも、「この時間内に最低これだけは解いてね」というのを明確に指示するようにしています。

大石：計画的に進めたいと思う一方で、生徒たちの様子に合わせてフレキシブルに対応できる教員でありたいとも思ってしまうのです。「せっかく生徒たちの学習意欲に火が付いたのに、ここで活動を切ってしまったら、好奇心が20パーセントで終わってしまう。もうちょっとやらせてあげたい……」という気持ちが湧いたときに、どう時間配分するべきなのか。もっとも、経験を積めば、着火が早くなるということはあるかと思いますが。

山本：そうですね。僕は、アウトプットが盛り上がって、生徒の学習意欲に火が付いた、という状況のときは計画の方を変えてしまっていいと思いますよ。クラスによっても火の付き方は違うと思いますし、それぞれに違っていいと思います。学ぶ順番も違っていい。

　僕は最終的には学ぶ順番も生徒が選べるようにしたいと思っています。仮に試験までに扱うべき単元が3つあったとしたら、必要な Sight Translation シートと Picture シート（59ページ参照）は全部渡してしまって、どれからやるかを選ばせて、それぞれでグループを作って練習させる。教師主導の授業をする先生からすると、進度がばらばらというのはめちゃくちゃ気持ち悪いんだろうと思いますが、僕は気持ち悪くないんですね。生徒

の「やりたい」という気持ちから生まれるモチベーションは大きく、生徒主体の授業を支える「一人一人違っていい」という主張の後ろ盾となります。

　僕は、他の先生と組んでいるときは、まず試験範囲を確認します。そして、Sight Translation シートなど試験範囲の学びの素材はできるだけ早めに渡して、生徒が Multitasking with Time-management や家でも学習できるようにします。こうすれば、学びの責任は生徒に委ねられます。プロジェクトの計画はワクワクする導入の方法（Launch）と発表会（Exhibition）の方法を決め、発表会に誰を招待するか、途中でどのような援助をするか、ワクワクを継続させるにはどうするかなどを考えます。教科書とプロジェクトの大枠が決まったら、クラスでやっていることや方法、進度がばらばらでも気にならなくなります。むしろ同じ方が気持ち悪い。

✅ どこまで生徒に声を掛けるべきか？ 助言・提案・指導の違いについて

町田：授業中のインタラクションについてもご意見を伺いたいです。私の場合は、「ファシリテーター」として、生徒の活動を見守りながら、適宜助ける存在であるようにと、意識しています。

　ところが、教えない授業３年目に入ってから、自分が授業中にほとんど話をしていないことに気が付いて、なんだか寂しく感じてしまったりして。ああ、生徒たち楽しそうだなーなんて眺めているんですが（笑）。助言や提案のタイミングというのは難しいですね。

山本：寂しさへの対応ですか（笑）。このあたりで一度教える授業をしてみるといいかもしれませんね。繰り返しになりますが、「教えない授業」とは「教える」ことを否定しているわけではありません。「教える」ことが有効な時とは、生徒が「教えてもらうこと」を選んだ時です。ですから、希望者を集めて教えてみたらどうでしょうか。

　それと、プロジェクトの Launch、つまりに始め方については、先生の役割が大きいところです。ここでどうワクワクさせるかに力を入れるといいでしょう。これからの先生の大切な役割は「どう教えるか」から「どうワクワ

クさせるか」になっていくのではないでしょうか。

　インタラクションについてはむしろ、「どこまで口を出していいのか」ということを悩まれる先生が多いようですが、どうでしょう。

大石：はい。そこが難しいですね。始めたばかりの今は特に、生徒が答えを求めて、戸惑っているのが伝わってきますし。

濱田：僕のクラスでは、与えた問いを早く解決したい、終わらせたいという生徒が多くて、ストレートに答えを聞いてくる子もいるほどです。だから、「それは、○○を見てごらん」といった感じで、調べさせるように促す「提案」を心掛けています。

佐藤：「教えない授業」は、子どもたち同士で疑問を解決できる仕組みになっていますよね。例えば、ノートに My Question や My Opinion を書かせるときに、最初は何を書いたらいいのか分からず、戸惑う生徒が出てきます。しかし、席替えを繰り返しながらペアワークをするうちに、いろいろな友達の意見が聞ける。だからあえて「分からなかったら友達のものを見せてもらってもいいよ、写させてもらってもいいよ」という「助言」をするようにしています。すると、自然と教え合っている。結果として、生徒一人一人への「指導」は減りました。

山本：「提案」や「助言」を行うことで「指導」が減るというのは、すごくいい傾向ですね。でも、「ついつい教えちゃった」ということがあったとして、それはそれでいいんじゃないかと思います。

　大切なのは、授業の最上位の目標である「自律させること」に対して、その声掛けが適切だったかどうかを判断できているかどうかです。例えば「これは何ですか」という質問に、「こうだよ」とすぐに答えたとしたら、調べるという手段を奪うし、発見するというチャンスを奪ってしまう。そうした判断ができてさえいれば、「あっ、今日は教えちゃったな」という日があっても、次は気を付けられると思いますので。本の中で紹介していますが（本書のこと。39ページ参照）、これがパブリック・リレーションズで言う「自己修正」です。

✅ クラスに「教えない授業」を望まない生徒がいたら？ 反対する生徒への対応について

大石：先ほどの「文法を教えてほしい」という声にどう対応するか、というお話とやや重なるのですが、もしクラスの中に、「教えない授業」のスタイルを好まない生徒、ペアワークやグループワークの活動を好まない生徒がいた場合、どう対応するのがいいでしょうか。

佐藤：実は私は、果敢にも、というべきか、受験を前にした3年生に対して「教えない授業」を始めてしまったので、生徒から「もっと丁寧に解説・説明をしてほしい」という声を多数もらったんですよ。解決策として、生徒に「教える授業」と「教えない授業」を選ばせることにして、クラス分けをしました。ちょうど、3年生を一緒に組んでいる先生が、何度も受験生を担当した経験がおありで、分かりやすく丁寧な文法の解説が得意な先生だったので、「こうなったら、お互いの良さを生かそうよ」と話がまとまったんです。

「私の授業は教えない授業で、会話中心だよ。○○先生は教える授業で、文法を詳しく説明するよ。どちらかを選んで受けてね」って。結果、うまく半々に分かれました。

一同：すごい。

濱田：うちの学校では、放課後にも、さまざまな補習授業が開講されています。その中で文法に注目した講座を開講することで、「教えてほしい」生徒に対応しています。文法の説明も聞こうと思えば聞きに行けるという安心感が生まれたことで、授業中のグループワークにも積極的に取り組めるようになったという生徒が増えました。与えられた環境の中では、これが理想的な方法なのかなと。

山本：皆さんおっしゃるように、選べる体制を作れたら、それが一番いいんですが、なかなか難しいですよね。教えてほしい生徒には、インターネットに上がっている解説動画を紹介してもいいかもしれませんね。

実は僕自身も、今年初めて僕の授業を受ける高2を担当することになりました。そこで、「教えない授業」に初めて触れる生徒たちを前に、選択肢を与えました。「各自で予習してきて、僕がひたすら解説する授業と、分から

ないところを疑問にして、それを解決するビデオを作る授業、どっちがいい?」って。皆ポカンとしていました。

　結局、「じゃあ、ビデオ……」という感じになったので、やらせてみたのですが、ビデオを作り終わらなかった班が半分ほどありました。つまり、何が分からないかが分からず、疑問を見つけるのにすごく時間がかかってしまったんですね。一方でいくつかのいい作品もできました。

　そこで、もう一度同じ選択肢を与えたら、今度は、「10分だけ教えてほしい」と言われたんです。そこで、僕が10分プレゼンテーションをして、その中で疑問を見つけ、アウトプット活動に取り組むというスタイルが生まれました。ちなみに、最初は10分教えていたんですが、それが5分になり、3分になり、今は「〇〇ページを読んで分かったことをシェアして」と言う程度で、教えなくなりました。

　とにかく、選択肢というものを与えてあげることが大事で、講義型を望む生徒もいるし、グループでやりたい生徒もいるし、1人でやりたい生徒もいる。さらに言うと、「席替えをしたくない」という生徒がいたら、その日はその子を飛ばして席替えをすればいい。こんなふうに「違っていい」クラス運営の中で、生徒が「選ぶ」ということが大切なのです。

　そもそも今の学校には、生徒たちが選ぶ場面がほとんどありません。朝、学校に来てから何を学ぶという順番から全て決められていて、まったく選べない。だから、社会に出てからも指示待ちになってしまう、優先順位がつけられない大人が増えてしまっている。タイムマネジメントをするとか、マルチタスクをこなしていくとか、仲間と協働するとか、こうした社会での働き方を学校に下ろしていかなければなりません。

　逆に選択できる力を持った生徒たちが社会に出ていったら、政治も社会も変わると僕は思っていて、SDGsのような大きな達成にもつながると信じています。大きなことをやらなくたっていいんですよ。世界平和について語れなくてもいい。だけど、隣の人がどうやったら笑顔になるだろうかとか、どうやったらワクワクするだろうかということを考えて行動を選択していくことが、世界平和につながるんだと思うんですね。

大石:「10分教えていたのが5分になって、3分になって、今は教えなくなっ

た」という先生の言葉に勇気をいただきました。私も少しずつゼロに近づくように、まだ旅は始まったばかりなんだと、楽しみながら頑張っていきたいと思います。実際わずか2カ月半で、生徒たちは劇的に変化しています。自分自身の教師としての成長も感じながら、生徒たちの自律を後押ししていきたいと思います。

✅「平等性」をどう保つ？
反対する同僚教師・保護者への対応について

濱田：「教えない授業」に対して、懐疑的な見方をする同僚教師や保護者も多いかもしれません。「同じ学費をいただいている以上、平等な教育をすべきなのではないか」、「保護者から、平等な教育をしてほしいという声が出たらどうするんだ」といった心配の声が上がった時に、うまく対応できるかどうか、自分自身も正直不安です。

　鍵になるのは「平等性」なんだと思います。

　特に問題になりがちなのが、中間考査、期末考査をどうするか、という点です。考査の点が成績に関わり、それが推薦入試など、進路にも関わってくるという状況下、当然考査の点を重視する保護者が多い。そんな中で、協働する力やスピーキング力は測ってもらえないわけですから、正直つらいです。

　積極的に研究授業を行う、授業見学をしてもらうなどして、理解いただけるよう心掛けてはいるのですが、全体に対して変化を求めるのは、なかなか難しいと感じています。

大石：実践を重ね、数字や結果で示していくほかないのかもしれませんね。

町田：私の学校の場合は、英語に限らず教科を超えてSDGsの達成を目標にアクティブ・ラーニングの推進をしているので、そうした問題があまりありません。研究授業も教科横断で行っていて、他教科の先生から指導案のアドバイスをいただくこともあります。社会の授業でプレゼンテーションの仕方を学び、それを英語の授業に生かす、というような例もあり、相乗効果も大きいと感じています。

　数字で示すという話がありましたが、実際に協働の成果が本校独自のルー

ブリック評価等で数字に出ていることも、良い作用を生んでいるのかもしれません。周りを理解させていくのは確かに難しいかもしれませんが、結果は絶対に出ると思いますよ。

佐藤：私の場合は、管理職の理解があったので、始めやすかったというのはありますね。工藤校長が山本先生を推していたということもあって、「やってみなよ！」と背中を押してくれました。

　むしろ私の方に「やっぱり義務教育だし、全員を同じレベルまで引っ張り上げなきゃ」と考えていたところがありました。そこで始める前に、「授業についてこない生徒が出てきたらどうしましょう」という相談を校長にしたのですが、「それはその子の学びだから、いいじゃないの」とさらりと言われまして。「その子によって学ぶスピードも違うし、こちらとしては学び方を提案して、子どもたちに選ばせればいいんじゃないのかな」って。

山本：おっしゃる通りですね。そもそも学びのスピードが一人一人違っているのに、それを無理やり、中間・期末考査で測ることが問題だと思うんです。

佐藤：はい。本校には定期テストがありません。

山本：僕は、それぞれの学びのスピードを認めることこそが「平等」だと思っています。別に中1で三単現ができなくてもいいじゃないですか。高校生になってからできるようになってもいいし、一生かかってもいい。もっと言うと、「勉強しない」という選択をしてもいい。だけど、その選択からもたらされる結果には、自分が責任を取らなきゃいけないということを教えなければいけないんです。

　だから、授業中に遊んでいる生徒がいても僕は放っておきます。そして、クラスの全員の調子がいいときを選んで「僕は全員に英語ができるようになってほしいなんて、ちっとも思っていないからね。"できない"を選んでもいいよ。ペアワークやトレーニングをするのはすごく面倒くさいし、大変だけど、やったらやっただけ絶対に英語ができるようになるよ。反対に手を抜いたらできないよ。手を抜く、手を抜かないも自分で選んでね」と話します。そしてさらに、やらないことで相手に迷惑が掛かっていないか、相手がHappyかどうかを考えて行動することもルールであることを伝えます。

　少し話がそれてしまいましたが、僕は生徒たちを自律させる方法として、

一つ一つの行動を選ばせたいと思っている。つまり、「生徒たちの自律を目指す」という目標の下に生徒の選択で作っていく授業を行っているわけです。反対する保護者や同僚の先生がいた時には、最上位の概念を共有するということが大事です。「子どもたちに自律してほしいですよね」「子どもたちが自分でどんどん勉強できるようにしたいですよね」と言うと、皆「そうですね」となるわけです。

　だから僕は、最上位の概念であり、主軸にしているのは、生徒を自律させることだということを、常々言うようにしています。「そこを目標にしてやっていて、授業はいつでもオープンにしていますので、いつでも来てください。アドバイスがあったらぜひお願いします」という感じで。そうすると年配の先生もちょっと見に来て、一部だけ取り入れてくれる、というようなことが起きるので、それで十分かな、と。この調子でじわじわと、5年、10年と長いスパンの中で変わっていくのではないか、というのが僕の実感です。

何をもって成果とするか？ 評定と試験について

濱田：町田先生の学校のように全体で「教えない授業」に取り組んでいるという場合、評価はどうされているのでしょうか。

町田：本校にも定期考査はあるのですが、私は同時に形成的評価も行っています。たとえ定期考査の点だけが良くても、高い評定に結び付くとは限りません。スピーキングテストとかプレゼンテーションの評価が含まれるということは、子どもたちも理解しています。他の教科でも同様に日々の取り組みがしっかり評価に結び付いていると感じています。

濱田：その形成的評価をするのが難しくないですか。評価基準が主観になってしまうので、公平な判断ができているかと言われたときに答えに窮してしまいます。特にクリエイティブな面を評価するということは、英語という教科において難しいという意見が強いです。

町田：確かに、難しい問題ですね。本校でも、全教員で検討して作成したルーブリックを活用しながら研究を重ね、どのような評価が適切か、検討を繰り

返しています。

　そして、学校の規模の問題もあるかと思うんです。勤務校は現在1学年4クラスなので、全員分のパフォーマンスを一人で全て評価することが可能です。プレゼンテーションもスピーチも、全員を自分で評価しているので、平等に評価できているかなと思います。また、他の教員に協力を仰ぐときは、明確な評価基準を提示しています。

　しかし、高校の規模だとなかなかそうもいかないですよね。

濱田：山本先生は、どうされているのでしょうか。紙や動画など、クリエイティブな作品のときの評価基準をお聞きできたらと思います。

山本：実はとても単純で、顕著にいい作品が出てきたら10点です。ここは主観と、生徒の相互評価が高いものです。でも、期限内に作れば8点なのですよ。8も10も評価としては8割以上の達成ですからAとなる。つまり両方トップなんです。だから、僕が主観でつけたところで、気持ち程度の問題であって、評価は同じです。期限内に作れなくても、後から出したら5点、これは50％の達成と捉えBとなり合格点。作れなかったら1点、これはCで不合格点です。

　授業もまったく同じで、「関心、意欲、態度」を評価する場合は、コミュニケーション活動で顕著に頑張ったら10点で、参加していたら8点、寝ていたら5点、寝るのは僕の責任でもあるので、寝ていても合格です。ただし誰かに迷惑を掛けたら1点、不合格点はそれだけですね。

　スピーチも、教師が一人でクラス40人を評価するのには無理があります。ルーブリック（89ページ参照）で教師が評価するのは学期に1回くらいでいいと思います。後は生徒の相互評価に任せていいのではないでしょうか。相互評価の様子を観察し、めちゃくちゃ良かったら10点。やれば8点。読めば5点で合格。やらなかったら1点。そのぐらいでいいのかな、と。

　もっと言えば、評価は生徒自身が学びの進捗状況を自分で把握できることが大切です。

一同：なるほど。

山本：先ほど定期考査の話になりましたね。うちの学校にもやっぱり期末考査はあるんですよ。

それで、2学期の期末考査が100点満点のテストだったんですが、その学年の平均点は60数点。それに対して僕のクラスの平均点は80点を超えていました。教えていないのに、自然とそんな差が出てくる。これには裏があります。
　テストができないのはなぜかと言うと、多分、ワークなどテストに確実に出るものをしっかりやらないからだと思うんですよね。逆に言うと、ワークをやる時間を確保して、テストの出題形式に慣れさせてあげれば、テストの点は上がる。
　僕の授業では何でも自由にやっていいよという「マルチタスク」のときがありますが、その選択項目にワークも入っています。だから、テスト前の授業でマルチタスクをやっていると、みんなひたすらワークばかりやっているんですよ。「まあ、いいか」と思いながら見ていると、ああだこうだ言い合いながら、グループでワークの問題を解き合っている。できないところも誰かに聞いて解決するので、試験範囲にできない問題がなくなる。そんな時間を授業内で確保しているんですね。
　模試なんかも同じです。問題に慣れていないから点が伸びないわけなので、余った時間を使って、問題分析の活動を行うこともあります。大問ごとにグループに割り当てて、分析させて、最後に分析結果を発表する。こんな活動をしたら、解き方も手に入るし、テストも絶対にできるようになるんですよ。

――「何をもって成果とするか」というところで、評定、考査に現れない部分ではそれぞれに実感されているところがあるのではないでしょうか。

大石：私は1学期まで、「生徒に和訳を先に渡すなんて、まずありえない！」と思っている教師でした。「そんなものは授業で一緒にやっていくものでしょう？　先に答えなんか渡してしまったら、授業では誰も何も聞かなくなるんじゃないの」って、思っていました。しかし、そんなことはなかった。
　「教えない授業」の実践を通して、英語に対するハードルが下がることによって、生徒たちの恐怖心が薄らぎ、英語に前向きに取り組めるようになることが分かりました。生徒たちが、もっと口に出してみよう、次はこんなふ

うに試してみようなどと、自分で考えながら学習をどんどん進めていっている様子を見るのはうれしくてたまりません。

　この夏、山本先生に、「教えない授業」に出会って本当に良かったです。

町田：「教えない授業」では特に、英語が苦手な生徒が頑張る姿に感動します。私の学校は公立なので、学力差も大きく、いろいろな生徒がいます。ところが、グループでプロジェクトに取り組んでいるときは、学力差をあまり感じません。英語が苦手な子が特に「グループのために何とか頑張ってやらなきゃ」と思って奮闘するからでしょう。みんながそれぞれ、自分なりの強みを生かして活動している。それはすごく幸せな光景です。

佐藤：成果はたくさんあって、どうまとめたらいいか分からないのですが、教員になってからずっと、英語はツールであって、英語で何をするかということを大事にしたいな、と思っていたんです。その点で、生徒たちが英語を使って表現をする、「コミュニケーションとしての英語」の割合が増えたのが一番うれしいと感じています。

　だから、発展活動を考える中でも「人に何かを伝える」ということを大事にしています。今年の6月に京都に修学旅行に行ってきたんですが、合わせて、自分たちでターゲットを決めて、ワンデイ・ツアープランを企画しよう、というプロジェクトを行いました。

　事前に旅行会社の人に来てもらって、ターゲットに合わせた魅力的なツアーの考え方や分かりやすいパンフレットの作り方を教えていただいた後で、自分たちでプランを考えさせたんです。

　それを英語の時間にパワーポイントにまとめて、英語でプレゼンテーションをさせました。そして、ALTの先生に選ばれた最も良いグループの生徒たちには、今度は体育館で、全校生徒と旅行会社の人の前で、英語でプレゼンテーションをさせたのですね。

　大人でも300人の前で、いきなり「英語でプレゼンしろ」と言われたら、たじたじだと思うんですけど、子どもたちは物おじすることなく、楽しそうにやっていたので、すごく良かったなと思っています。

濱田：僕は生徒たちに「学びたい」という気持ちが出てきたことが何よりの成果だと感じますね。そして、自分の得意なもので誰かのために行動したい

という気持ちが芽生えてきていることがいいなと思っています。

最近はすごくうれしいことがあって、学校に登校することがなかなかできていなかった生徒が、初めて自分の授業を受けてくれて、それを境に少しずつ登校できる日が増え、今では毎日登校できるようになりました。保護者が、「英語の授業が楽しくなった」と言っていた、と話してくれました。まだまだ経験も浅い自分が、こんなふうに貢献できるなんて、と感動しました。

こういった活動を通じて、自分の夢でもあった「世界をより良い場所に変えていく」という目標に一人でも多くの生徒たちがつながってくれるのではないかと思うので、あらためてやりがいを感じているところです。

✅ それぞれの「教えない授業」

山本：皆さんのお話を伺って、皆さんの学校で確実に自律的学習者が育っていると感じました。

教育って、「こうやらなきゃいけない」とか「この順番でなきゃいけない」とか、あるべき論になりがちなんですが、僕はいいところ取りをしてしまえばいいと思うんです。どんな手法であれ、いいなと思うものをどんどん取り入れていくと、結局、それが生徒の学びの幅を広げることになると思うので。

「自律させよう」とか、「より良い社会にしていこう」という主軸を明確に

山本崇雄先生

して、それが授業の中で生かされているのかどうかを常に振り返り、自己修正していけばいいわけです。実践がリアルな社会につながって、社会が良くなっていくとか、幸せな人が一人でも増えると感じられたら、誰に何を言われても気にならないと思うんです。そして何より、目の前の生徒たちが全ての救いになるはずです。そこに生徒たちが笑顔でいてくれたら、大丈夫。だって、先生ってそれが一番の喜びですよね。

今回は「教えない授業を実践してどうですか？」みたいなくくりでお集まりいただいてお話を伺ったわけですが、そもそも「教えない授業」って、僕の教育手法を総称的に言っているもので、皆さんがそれぞれに皆さんしかできない実践を作り上げているものなんですよね。だから正確には、「生徒の自律を願って授業された結果、どうですか？」ということだと思うのです

「教えない授業」というのを固定したマニュアルで縛ってはいけない。それを肝に銘じた座談会でもありました。

今回ご紹介いただいた実践を一つのステップに、それぞれの先生のスタイルを作っていっていただければと思います。僕も皆さんの実践からたくさん学べたので、授業をバージョンアップしていきたいです。

付録

「教えない授業」
リポート

「教えない授業」を50分間の中でどのように進めていくのか、
11月のある日の授業を一例として、
中学1年生と高校1年生の授業の様子をお伝えします。

リポート 1

指導学年：中学 1 年生
単元：New Crown 1　Lesson 8

この日の授業の流れ

※全てのやりとりを書き起こしているものではありません。

	教師の動き	生徒の動き／ALT の動き	教具
① あいさつ～Warm-up [2分]	・前方黒板に席替えの表を掲示 OK. Hello, everyone. Please tell me what day it is today. (Friday のカードを見せ) Today is probably Friday? Oh. Can you spell Wednesday? Please tell your partner the correct spelling. All right. M-san, what day is it today? Why? Do you like Wednesdays? Ask your partner, please. (ベルを鳴らす) (一人を指し) Do you like Wednesdays? Why not?	 Ss: No! Wednesday. 生徒それぞれ空中に指でスペルを書く。 生徒、隣の席の相手にそれぞれスペルを言い合う。 S: Wednesday. S: えっと、Yesterday is（別の生徒から was じゃないの？の声）was … Tuesday! 隣の席の相手と口々に Do you like Wednesdays? と尋ね合う。理由も述べている。 S: No, I don't like Wednesdays. S: I don't like 地学.	・曜日のカード

Why don't you like 地学, earth science?		
	S: Because the teacher is very angry. （笑）	
Oh, no. I'm sorry to hear that. But keep trying hard in earth science! If you like Wednesdays ...（挙手を促す。一人の生徒が挙手）Why do you like Wednesdays?		
	S: I go to hospital, but ... えっと、病院の帰りに…eat ice cream.	
Oh. You eat ice cream. You're lucky. OK, thank you very much.		
（December のカードを見せ）Winter vacation is coming. Is it December yet?		・月名のカード
	Ss: No.	
What is today's date?		
	Ss: November 21st.	
Can you spell November? Of course, yes? Please tell your partner how to spell it.		
	生徒、隣の席の相手にそれぞれスペルを言い合う。	
（November のカードを黒板に貼る） November ... November ... what is the date? （日付を板書）		
	Ss: 21st.	
How's the weather?		
	Ss: Sunny. Cloudy.（口々に）	
H-san, can you see the sun today?		
	S: Yes. あー、違う。No.	
All right, Thank you very much. You can't see the sun, so it's cloudy.		

② Warm-up / Small Talk [5分]	Talk about the topic on your card. Play rock-scissors-paper, and the winners have to talk about their cards first. (30秒ほどでベルを鳴らす) Switch parts. (30秒ほどでベルを鳴らす) Exchange your cards. Say, "Namaste," and students on the right, move one seat, please. ※ Thank you. だけではマンネリ化するので、いろいろな国の言葉で感謝する場面を意図的に作っている。 OK. First, talk about the previous conversation you had and then talk about yourself. (ベルを鳴らす) Play rock-scissors-paper, and winners start. Talk about yourself to your partner. (30秒ほどでベルを鳴らす) Switch parts. (30秒ほどでベルを鳴らす) OK. Thank you very much. (ベルを鳴らす) Thank you. OK, John (ALT's name) will pick someone. Please answer John's question.	生徒はそれぞれあらかじめ配布されている Topic card を手にしている。 カードを持ってペアで話す。じゃんけんで勝った人から話し始める。 交代して話を続ける。 それぞれ持っているカードを交換する。 席替えをする。それぞれ Namaste!、Bye! など言い合いながら教科書一式を持って、ペアの右側の生徒が席を移動する。Hello. など手を振って言い合いながら着席する。 先ほどと同様にじゃんけんをしてカードを見ながら small talk。	・Topic card (好きな音楽、週末の予定などのトピックが記載されたカード)

		ALT: ○○ , what was your previous conversation with your previous partner? S: I talked with ●●君. He said he studied social study yesterday. ... ALT: How long did you study for yesterday? ... ALTが前のパートナーとの会話の内容について3人の生徒に質問する。生徒がそれに答える。関連する質問をして会話する。	
	Thank you. Could you pass your card from the back to the front? （カードを回収する）		
③ Warm-up / Bingo [5分]	And let's enjoy bingo. Do you want to do bingo with your partner or with the teacher? The teacher, OK. Practice the words with your partner. Let's start. （1分ほどでベルを鳴らす） Do you need to practice with John? Practice or game? （ALTとの発音練習が必要かを聞く） OK. Open your map and ask your partner some questions.	ドリルを広げて準備をする。 （宿題として今日行うページの単語は埋めてきている） Ss: Teacher! Teacher! ペアでBingoの単語を読み合って練習する。 Ss: Game. ALTが英文と単語を読み上げて単語ビンゴを始める。ほぼ全員がビンゴとなるまで続ける。 ドリルにある地図の写真を見てペアで質問をし合う。	・市販の単語ビンゴ用ドリル

	(50秒ほどで終了のベルを鳴らす) N-kun, where are you now? OK. Why are you in San Francisco? Sightseeing. What do you want to see in San Francisco? OK. Where is your partner? Oh, are you together? John, ask the students some questions. One-minute challenge. OK open the next page. Three, two, one, go! (1分間に設定した時限爆弾の動画をスクリーンに映し測る) Say, "Thank you," to your partner. Students on the left, move one seat.	S: I'm in San Francisco. 生徒は目的を想像して話す。 S: Sightseeing. S: I want to ... cable car. S: He is in San Francisco, too. S: Yes. ALTが一人の生徒にどこにいるか質問し、生徒が答える。関連する質問をして会話する。 次のページを開き、ビンゴ用の単語を1分間で書き込む(書き切れなかった分は宿題となる)。 左側の生徒が移動して席替え。	
④ Review / Guesswork [2分]	スクリーンに写真を投影。 Say, "Hello," to your new partner. So, I want you to talk about this picture with your partner. "What can you see?" "Who can you see in the picture?" "What is the story?" Please ask your partner these questions. (ベルを鳴らす) Go. (見回りながら個々に声掛け) (1分30秒ほどでベルを鳴らす)	手元のPictureシート(表にスクリーンの写真と同じ写真、裏に英文)を見ながらペアで質問し合う。	・Picture シート

付録 「教えない授業」リポート

スライドのリーディング [6分]	OK. Let's read. Do rock-scissors-paper with your partner. When you see a double slash, switch parts. Winners, ready, go. OK. Find a new partner. Stand up and find someone new. Do rock-scissors-paper. Winners, get ready to play. Ready, go! When you switch parts, do a high-five your partner.	スクリーンに投影されたテキストを、スクロールの速度に合わせて音読する。(2分ほど) 席を立ち、自由にペアを作る。  スクリーンに投影されたテキストを音読する。前回より英文が移動する速度が上がっている。	・英文のスライド(アニメーション機能で英文が上に移動していく仕組み)
リーディング [4分]	OK, one more time. I want you to read a story with your partner. Use your picture sheets, OK? So, winners start talking about the picture. Do rock-scissors-paper. (1分30秒ほどでベル) OK, say, "Thank you," and go back to your seats, please.	Picture シートを見ながらストーリーを読む。	

175

| ⑤ Multitasking with Time-management / Notebook Making [25分] | では、試験も近いのでMultitasking with Time-managementをこれからやります。
Warm-upと復習はみんなでやったので、やらなくていいです。復習でワークブックをやりたい人はやっていいです。今の練習、Oral Presentationの絵の説明がうまくできない人はもう少し練習してもいいです。Sight Translationを使ってもいいし、たてよこドリルをやってもいいです。
メインはNotebook Making。まだ多分できてない人も多いと思うので、「魔法のノート」のフレームで作っていない分があったらぜひ作ってください。
(「魔法のノート」のスライドを映す)

今日は見学に来ている英語の先生がたくさんいるので、サインをもらいたい人は誰に説明しても大丈夫です。サインをたくさんもらってください。ジョン先生もいるのでジョン先生のサインをもらっていないページがあったらもらってください。
(「魔法のノート」のプレゼンテーションをしたら、聞いてもらった人からサインがもらえる)

グループワークをするときには、次のことに気を付けましょう。常にみんながハッピーか確認してほしいのと、今日はこれをやろうというゴールをグループで決めることです。時間は限られているので終わりをちゃんと意識して、何が学校でできるか、何が家でできるか、自分でやることを考えて進めてください。 | 
生徒は作ったノートをALTや他の先生に聞いてもらう。この時、発音や文法のアドバイスをもらい、さらに練習する。ノートを聞いてもらうタイミングは一人一人異なる。 | ・スクリーンに「魔法のノート」のフレーム

・ノート |

	3人ずつ、4人ずつのグループを作ってください。 Can you make groups, please? (教室を回りながら、ノートをチェックしたり、質問に答えたり、Oral Presentation に行くよう促したり個々に声掛けをしてアドバイスなどを行う)	机を動かして3～4人ずつのグループを作る。 グループで相談しながら各自のノートを作る。 My Question を出し合ったり、ALT のところにノートを持って行って Oral Presentation をしてサインをもらったりする生徒もいる。	
⑥ まとめ [1分]	(チャイム) お疲れさま。試験範囲もだいぶ分かってきたと思うので自分で家でも続けてやってみてください。 That's all for today's lesson. Thank you, everyone. Say, "Thank you," to the people around you.		

リポート 2

指導学年：高校 1 年生
単元：コミュニケーション英語 I　CROWN 1　Lesson 8

この日の授業の流れ

※全てのやりとりを書き起こしているものではありません。

	教師の動き	生徒の動き／ ALT の動き	教具
① あいさつ～Warm-up [4分]	・前方黒板に席替えの表を掲示 OK. Good morning, everyone. First, could you help me? Could you take one card? OK. Today's topic is "This weekend." What are you going to do this weekend? Ask your partner, please. OK, let's start. (30秒ほどでベルを鳴らす) All right. Thank you very much. Say, "Thank you," and then students on the right, please move one seat. Say, "Hello," to your partner. I want you to confirm your previous conversation. I talked with 誰々-san. She or he said .... Now, talk about this weekend. When you finish, switch parts. (60秒ほどでベルを鳴らす) All right. Thank you very much. OK.	 生徒の一人がカードを引く。 ペアでトピックについて話す。 Ss: Thank you. 右側の生徒が席を移動。 Ss: Hello. 前のパートナーとの会話の内容を伝え、質問をし合う。	・Topic card (中学と同様に、好きな音楽、週末の予定などのトピックが記載されたカード)

	Is anyone going to do anything unusual this weekend?（挙手を促す）Nobody? Is your partner going to do anything unusual? （挙手を促す） Unusual. あんまりやらないこと。 You're going to study? That is あんまりやらないこと？ OK. I'd like you to try it!	「unusual」の意味がよく分からない様子。 S: Study. S: Yes.	
② Warm-up／単語［2分］	OK. Take out your "単語帳" and please exchange your examples. I want to memorize 〜, so I made an example with it "例文." Do you understand? OK, rock-scissors-paper! The winners start. （1分ほどでベルを鳴らす） All right. Thank you very much. Say, "Thank you," and the students on the left, please move one seat.	単語帳から作った自分の例文をペアで紹介し合う（95 ページ参照）。 あいさつして席替え。	・学校指定の単語帳 ・My Phrase Notebook
③ Review／Guesswork［5分］	All right. Look at the screen behind me. I want you to talk about what's on it. If you forget the story, feel free to check your worksheet. OK. Play rock-scissors-paper. Winners, let's start. （ベルを鳴らす） ★（20〜30 秒ほどでベルを鳴らし、スクリーンに映すイラスト・写真を変える）	ペアで活動。 じゃんけんで勝った生徒がスクリーンに投影されたイラスト・写真について英語で描写する。 これまで習った内容を全て復習する。	・Lesson 1 からこれまでの授業で扱った全てのイラストや写真のスライド

	★を3回繰り返す。 (ベルを鳴らす) Say, "Gracias," and then, students on the right, please move one seat. OK. So, next, rock-scissors-paper! The winners start. ★を6回繰り返す。 ※何度も繰り返して定着させることが大切なので、この時点までに学んだことを、次々にスライドを変えながら、ざっと復習する。	☆ベルの合図で話者が交代し、新しいイラスト・写真について説明する。 ☆を3回繰り返す。 生徒はあいさつして席替え。  ☆を6回繰り返す。	
④ Review / Guesswork [2分]	(ベルを鳴らす) Can you remember the previous lesson? You read a story in Lesson 8. I want you to try to remember it. And could you take out your sight translation sheet, please? Today, I want you to focus on Section 1, the first section of the story. OK? First of all, take a look at the pictures and ask your partner some questions about them. Start. (ベルを鳴らす) (40秒ほどでベルを鳴らす) Right. Students on the left, move one seat, please.	 Sight Translation シートを出す。 ペアで質問をし合う。 "Thank you." "Hello." と言い合いながら席替えをしてパートナーが変わる。	・Sight Translation シート

付録　「教えない授業」リポート

⑤ Review / Small Teachers [5分]　Eye Shadowing [3分]	OK, everybody, take out your sight translation sheet and start with "small teachers," OK? I want you to enjoy making mistakes. So, play rock-scissors-paper, and the winners start. OK. Repeat after your teacher. (ベルを鳴らす) (4分ほどでベルを鳴らす) (ALTに) Mr. Hamilton, could you please read Section 1. (生徒に) I want you to find the differences between your pronunciation and Mr. Hamilton's pronunciation. Put your finger on the first sentence. Don't repeat. Just follow along. (指で追うようにとのジェスチャー) 発音の違いに気付いたことがあったらシェアしてください。どうぞ。 (20秒ほどでベルを鳴らす) All right. Say, "Thank you," and "Grazie." Students on the right, please move one seat.	ペアの一人が読み、もう一人がリピートする。 ALTが内容についてコメントを述べてからモデルリーディング。生徒はALTが読むのに合わせて指でテキストを追う。 生徒は発音について気付いた点をペアでシェアする。(日本語で) 生徒はあいさつして席替え。	・Sight Translation シート

⑥ Review / 音読 [2分]	I want you to use your translation sheet with your partners. Practice with your partners. Choose your favorite way. You can be a small teacher. You can read and look up, or use back translation, any kind of method. Use your favorite way. (1分30秒ほどでベルを鳴らす) All right. Thank you very much.	生徒はそれぞれ好きな方法でトレーニング。	・スクリーンにLesson 8の写真を映す
Guesswork [1分]	OK. So, I want you to talk about this picture again. "What can you see?" "What is happening in the picture?" Ask your partners questions. 教室内を巡回し、活動を見守り、声掛けをする。	写真を見ながら、ペアで質問をし合う。 ALTは教室内を回り生徒に質問などをする。	
⑦ Main Activity / Project [25分]	These are pictures about making the world a better place. This will be the project for Lesson 8. (プロジェクトについてのスライドを見せる) Make a short video about a project to make the world a better place. This is the last project of the second term. I want you to make short videos about these SDGs. (SDGsのスライドを見せる) Do you remember this? What do you know about SDGs? Talk about it with your partner. (ベルを鳴らす) (30秒ほどでベルを鳴らす) All right. So, the world or the earth has a lot of problems right now. What is goal No. 1?	ベルの合図でパートナーにSDGsについて知っていることを英語で説明する。 Ss: 貧困。	・SDGsについてのスライド ・参考用の動画、資料

貧困。What is 貧困 in English?

Poverty. What is No. 2? Hunger. So, many problems. I want you to remember the 17 goals. I want you to check this movie, "Leave no one behind."
（SDGsの約3分の動画を見せる）
These 17 goals started when we listened to these people's voices. I would like you to make a video on SDGs or solutions to solve these problems. I would like you to make a short video and design something to make the world a better place. And I would like it if you were to join the SDG's Creative Award.* This is a contest for short films that focus on these six goals.

（日本語でSDG's Creative Awardの説明）
これを2学期から3学期にかけてのプロジェクトにしようと思います。賞もあります。今日は絞られた6つの目標について理解を深めてください。6つの目標を知り、自分が興味あるターゲットについて調べてみましょう。ここからは日本語を使っていいです。

（生徒の質問に）
一人でやってもいいし、ペアでやってもいいし、グループでやってもいいです。
チーム分けは次回にやるので、今日は今のパートナーと相談してください。動画は世界に発信してほしいので英語でやります。日本語訳をつけて英語で。

Ss: Poverty.

生徒、ペアや近くの席の友達と、資料を取りにいったり、スマートフォンを使って調べたり、アイデアブック（117ページ参照）を見たり、相談したりする。

ALTは生徒の間を回って個別に話を聞いたり、質問を受けたり、黒板にメモしたり、先生と話したりしている。

	（資料提示） もっと詳しい資料もありますのでここに置きます。 （教室内を回り、個別に質問に答えたり相談したり、ALT と話をしたりする） （生徒たちの調べものや話し合いが始まってから約5分たったところでベルを鳴らす） Stop talking, and please listen to Mr. Hamilton. He has an interesting suggestion. 僕が尊敬する他校の高校2年生が作った動画です。こういうやり方もあります。参考までに。 （スクリーンで約2分の動画を紹介する） いい質問です。彼は著作権フリーの曲を探しました。SDGsのロゴは全部フリーで使えます。誰にも迷惑を掛けずにお金も発生せずにこういう心が動くものを作ることができます。 賞に応募するかどうかはみんなに任せようと思います。賞が目的ではありません。作って世界に発信する。もし世界の知らない誰かからコメントがもらえたらすてきじゃないですか？　そういう経験を今年は1つやってもらおうと思います。	ALTが考える上でのヒントや自分のアイデアをクラスに話す。 ALTが動画の感想を述べる。 生徒、口々に感想を言っている。 S: 先生、（今の動画の）曲とかって著作権とかどうなっているんですか？	

⑧ まとめ [1分]	次回から少しずつ、興味のあるテーマごとにチーム分けをするので話をしておいてください。教科書も同時にやっていくので、またタイムマネジメントをしながらやっていきましょう。 今日一緒に頑張った前後左右の人に"Thank you,""Namaste,""Gracious,""Grazie,"「ありがとうございました」。		

*SDGs Creative Award
部門①：SDGs 普及促進映像部門：60秒以内の短い動画。決められた6つの目標から1つを選んで映像にする。数字（統計）を入れる。
部門②：SDGs ローカルアクション映像部門：3分以内。SDGs の活動を取り上げる。
第1回は2019年1月10日に応募を締め切っている。

おわりに

　「教えない授業」は極端で特別な授業ではなく、自律型学習者を育てる一つの手段であることを理解していただけたでしょうか。「教える」という行為は利他的で、教師の承認欲求を満たすものですから、先生方が「教える」ことにやりがいを感じることは当然ですし、述べてきたように、時に「教える」役割も重要です。しかし、学校という安心して失敗できる場で、生徒が失敗から学び自律していくチャンスを「教える」という行為で奪っていないかを生徒目線で意識しなければなりません。自律させるためには「教えない」で待つことも重要なのです。

　ただ、「教えない授業」は、僕の教育手法を象徴的に表しているもので、一つの手段にすぎません。ですから、皆さんの授業に、本書で紹介した手段を加えていき、授業をカスタマイズしていくことが大切です。

　これからの教育では、ある一つの手法にこだわっていたら、時代の変化に対応できません。社会の変化に敏感になりながら、育てたい生徒像を明確にし、最適な手法を選択し、常に授業をアップデートしていく。こんな授業スタイルが求められていると僕は思います。

　さらに「はじめに」でも触れたエドテックは、生徒たちの学び方に大きな変化を起こしています。これまで教師の仕事の中心だった「教える」ということもAIや映像授業でほとんど代替できるようになりました。エドテックがもたらす大きな変化は、従来の学び方から教育の仕組みや制度、産業構造にまで大きな変革をもたらしつつあります。

　ですから、これまでの英語授業の当たり前も柔軟な発想で見直し、さまざまな枠組みを組み直していくことをためらってはいけません。もちろん、先人の知恵であるこれまでの研究成果も大切で、過去からも学ぶことは重要です。しかし、手法にとらわれてしまうあまり、時代の変化に対応する柔軟さを見失ってはいけません。マニュアルを作り過ぎないことが、自由に授業を改善していくためには重要になるでしょう。

　皆さんはご存じでしょうか。戦国時代にポルトガルから日本に伝わった金

平糖の職人さんには、作り方のマニュアルがないそうです。職人さんは、気候の変化を敏感に感じながら、五感を用いて金平糖を作り上げていくということです。さらに、経験を積み重ねながら常により良い金平糖を求めて技術を磨き続けているといいます。1847年創業で、京都でただ一軒製造販売する、日本で唯一の金平糖専門店・緑寿庵清水のビジネスディレクター猪飼晨さんによると、金平糖の職人さんたちは、金平糖が釜を流れる音（声）を聞いて育て上げるところから、金平糖のことを「子どもたち」と呼んで大切に育てているそうです。マニュアルがないながらにも、伝統を大切にした上で新しい素材を使った新商品の開発に努めるといった革新の柔軟な発想が、長年愛される金平糖を作り続けている秘訣だと感じます。

　金平糖は同じ形のものは二度とできません。柔らかな色で緩やかにつながっている。そして、食べれば誰もが笑顔になる。まさに僕が教育で大切にしていることとつながります。一人一人違っていい。個性という色は違えど、緩やかに協働していく。そして、誰もが笑顔になる教育。

　こんな教育を学校や職種を超えて目指したいと考え、2017年に同僚の山藤旅聞さんと未来教育デザインConfeitoというプロジェクトを発足させました。Confeitoは金平糖のポルトガル語です。ここでは、教員と企業をつなぐイベントや学校を超えて生徒が協働するイベントを行っているので、ぜひ一度ホームページにお越しください（http://confeito.org）。

　話を「教えない授業」に戻しましょう。本書で示した「教えない授業」の始め方も完結型のマニュアルではありません。これからも常に柔軟にバージョンアップし、時代の変化に対応し続ける必要があります。さらに、五感を使って、生徒たちの声を聞き、色とりどりの個性豊かな「自律型学習者」を育て上げましょう。時代にあった「自律型学習者」を育てるために、皆さんの力を借りながら本書で取り上げた内容もバージョンアップしていきたいと考えています。本書を通して、皆さんの「教えない授業」を作っていき、多くの「自律型学習者」が生まれ、世の中が平和で持続可能な世界に近づいていくことを信じています。

山本 崇雄

参考文献

赤池学他 (2000)『心に火をつける人、消す人』阪急コミュニケーションズ
阿部秀樹他 (2017)『Social Action Handbook(ソーシャル・アクション ハンドブック)- テーマと出会い・仲間をつくり・アクションの方法を見つける39のアイデア』開発教育協会
和泉伸一 (2016)『第2言語習得と母語習得から「言葉の学び」を考える』アルク
井ノ上喬 (2015)『パブリックリレーションズ第2版—戦略広報を実現するリレーションシップマネージメント』日本評論社
井庭崇, 梶原文生 (2016)『プロジェクト・デザイン・パターン 企画・プロデュース・新規事業に携わる人のための企画のコツ32』翔泳社
内山節 (2015)『子どもたちの時間』農山漁村文化協会
工藤勇一 (2018)『学校の「当たり前」をやめた。—生徒も教師も変わる！公立名門中学校長の改革』時事通信社
佐藤昌宏 (2018)『EdTechが変える教育の未来』インプレス
苫野一徳 (2014)『教育の力』講談社現代新書
山本崇雄 (2016)『なぜ「教えない授業」が学力を伸ばすのか』日経BP社
山本崇雄 (2017)『「教えない授業」から生まれた英語教科書魔法のレシピ』三省堂
山本崇雄 (2019)「生徒に主体的に学ばせるための「教えない」授業力を鍛える」『英語教育』2019年1月号 p.18-p.19 大修館書店
山本崇雄他 (2019)『パブリック・リレーションズ for School』（井之上喬監修）日本パブリックリレーションズ研究所
A.H. マズロー (1987)『人間性の心理学—モチベーションとパーソナリティ』（小口忠彦訳）産能大学出版部
Think the Earth(2018)『未来を変える目標SDGsアイデアブック』（蟹江憲史監修）紀伊國屋書店

Barbara A. Lewis, Pamela Espeland, Caryn Pernu (1998). The Kid's Guide to Social Action: How to Solve the Social Problems You Choose - and Turn Creative Thinking into Positive Action. Free Spirit Publishing.
Charles C. Bonwell, James A. Eison (1991). Active Learning: Creating Excitement in the Classroom. Jossey-Bass.
Colin Campbell & Hanna Kryszewska(1992). Learner-based Teaching. Oxford University Press.
Dave Willis, Jane Willis (2007). Doing Task-Based Teaching. Oxford University Press.
Jennifer Bixby, Joe McVeigh(2015). Q: Skills for Success Reading and Writing Intro. Oxford University Press.
John Farndon(2010). Do You Think You're Clever?: The Oxford and Cambridge Questions. Icon Books.
Ron Berger (2014). Leaders of Their Own Learning: Transforming Schools Through Student-Engaged Assessment 1st Edition. Jossey-Bass.
Takashi Inoue (2018). Public Relations in Hyper-globalization. Routledge.

索引

あ アロンソン, エリオット………………66
エキスパートグループ………………67
エドテック………………………………3
円環の（循環する）時間………24, 39

か 仮想現実………………………………25
仮想通貨…………………………………3
カラン, ロビン…………………………73
カランメソッド…………………………73
カント, イマヌエル……………………35
義務論……………………………………35
協働化………………………………4, 16
クリティカル・シンキング……………79
個別化……………16, 24, 94, 132

さ 最大多数の最大幸福……………………35
ジグソー法………………………………66
自己実現理論……………………4, 108
自己修正………34, 39, 126, 135
持続可能な開発目標………………3, 116
社会的欲求……………………………109
承認の欲求……………………………109
自律型学習者
　………3, 17, 22, 48, 124, 140
人工知能………………………………3, 138
ステークホルダー
　………………36, 43, 116, 124
生徒主導……………………………102
センスウェア……………………………13
双方向性コミュニケーション
　………………………34, 38, 125

た 大学入学共通テスト…………………135
タスク……………………………………18
たてよこドリル…………………………96

直線の時間……………………………23
トンネルデザイン……………………93

な 内容言語統合型学習………………119

は パブリック・リレーションズ
　………………4, 16, 34, 124
批判的思考……………………………79
フィンテック……………………………3
ブロックチェーン…………………3, 25
ベンサム, ジェレミー…………………35

ま マズロー………………………4, 108
魔法のノート………48, 71, 78, 86
メタ認知…………………………………40
モノのインターネット…………………3

ら リレーションシップ・マネジメント
　………34, 124, 127, 133, 137
倫理観…………………………34, 126
ルーブリック……………………………88

A AI………………3, 22, 129, 138

B Back Translation……………………74
Big Question………………50, 66

C Callan Method………………………73
CLIL…………………………………119
Coach……………………………………22
Content and Language Integrated Learning……………………………119

D	Design for All ··············· 131	P	PBL ········ 5, 10, 27, 108, 135
	Dictation ·························· 76		PR ································· 5, 34
			Project Based Learning
E	EdTech ····························· 3		············ 5, 10, 27, 108, 135
	Eye Shadowing		Public Relations ··············· 4
	············· 57, 63, 65, 72, 80		
		Q	Question Making ····· 78, 80, 85
F	Facilitator ························ 22		Quick Response ················ 74
	Fintech ···························· 3		
	Fireplace Reading ········ 57, 63	R	Read and Draw ················· 68
			Read and Look Up ········ 75, 98
G	Gallery Walk ······················ 83		Reading Race ···················· 98
	Guesswork ······················ 57		Reading Relay ·················· 98
H	High Tech High ··············· 138	S	SDGs ············ 3, 66, 108, 116
			Shadowing Check ············· 77
I	Intensive Reading ············· 66		Sight Translation ·········· 16, 69
	IoT ································· 3		Silent Shadowing ········· 57, 65
			Small Teachers ················· 71
J	Jigsaw Reading ················· 66		Story Mapping ············· 50, 71
			Student-led ···················· 102
L	Listen and Draw ················ 76		Summary ························· 50
			Sustainable Development Goals
M	Most Likely to Succeed		································· 3, 116
	··························· 112, 138		
	Multitasking with Time-management	T	Teacher ··························· 22
	····················· 15, 102, 131		Think globally, Act locally ····· 118
	My Opinion ··········· 50, 86, 128		Think-Pair-Share ··············· 80
	My Phrase Notebook ·········· 94		Tutor ······························· 22
	My Question		Two-One Method ··············· 73
	············ 50, 66, 78, 117, 128		
		V	VR ································· 25
N	Notebook Making ··············· 16		VUCA（な時代）··················· 3
O	Open-Ended Question	W	Wh-Question ················ 54, 81
	···························· 66, 81, 136		
	Oral Presentation	Y	Yes-No Question ··········· 54, 81
	··················· 16, 57, 87, 102		
	OREO ························· 51, 86		

◎著者
山本崇雄（やまもと　たかお）
複数の学校、企業と雇用契約を結んでいる二刀流（複業）教師。都立中高一貫教育校を経て、2019年より横浜創英中学高等学校（2022年度より校長補佐）、新渡戸文化中学校・高等学校、浜松開誠館中学高等学校の他、日本パブリックリレーションズ学会理事長、GRASグループ、News Picksなど複数の団体・企業でも活動。Apple Distinguished Educator、LEGO® SERIOUS PLAY® メソッドと教材活用トレーニング終了認定ファシリテータ。「教えない授業」と呼ばれる自律型学習者を育てる授業を実践。教育改革や子どもの自律などをテーマにした講演会、出前授業、執筆活動を精力的に行っている。検定教科書『NEW CROWN ENGLISH SERIES』『My Way』（三省堂）の編集委員を務めるほか、著書に『「学びのミライ地図」の描き方』（学陽書房）『なぜ「教えない授業」が学力を伸ばすのか』（日経BP社）、『「教えない授業」の始め方』（アルク）、『学校に頼らなければ学力は伸びる』（産業能率大学出版部）ほか、監修書に『21マスで基礎が身につく英語ドリルタテ×ヨコ』シリーズ（アルク）がある。

◎パブリック・リレーションズ監修（第2章、第5章）
井之上喬
株式会社日本パブリックリレーションズ研究所所長、株式会社井之上パブリックリレーションズ代表取締役会長兼CEO、京都大学経営管理大学院特命教授

皆見剛
株式会社日本パブリックリレーションズ研究所取締役

宮田純也
株式会社日本パブリックリレーションズ研究所所長補佐、未来の先生展実行委員長

◎執筆協力（第6章、コラム　構成・執筆）
古賀亜未子（株式会社エスクリプト）

◎ Special Thanks（敬称略）
赤池学（株式会社ユニバーサルデザイン総合研究所所長）
上田壮一（一般社団法人 Think the Earth 理事）
工藤勇一（千代田区立麹町中学校校長）
佐藤昌宏（デジタルハリウッド大学大学院教授）
山藤旅聞（未来教育デザイン confeito 共同代表、中高生物科教員）
五月女圭一（株式会社ゲイト CEO）
竹村詠美（一般社団法人 FutureEdu 代表理事、Peatix.com 共同創業者）
伴場賢一（Bridge for Fukushima 代表理事）
東出風馬（株式会社 Yoki 代表取締役社長）
三浦邦彦（島根県立大学教授）

大石晶子（明星学園高等学校 教諭）
佐藤桃子（千代田区立麹町中学校 教諭）
濱田駿佑（学校法人小林学園 本庄東高等学校 教諭）
町田恵理子（大田区立大森第六中学校 教諭）

東京都立武蔵高等学校附属中学校1年1組の生徒たち
戸國江梨（東京都立武蔵高等学校1年C組）
石鍋杏樹（筑波大学2年）
伊与部夏花（早稲田大学2年）
九鬼喜隆（慶應義塾大学2年）

株式会社アルク 文教編集部（宮崎友里子、左山恵子）

「教えない授業」の始め方

発行日	2019年3月8日（初版） 2024年3月6日（第4刷）
著者	山本崇雄
編集	株式会社アルク 文教編集部、古賀亜未子（株式会社エスクリプト）
編集協力	原 弘子
英文校正	Peter Branscombe、Margaret Stalker
カバー・表紙デザイン	小口翔平＋山之口正和（tobufune）
本文デザイン・DTP	有限会社ギルド
イラスト	関根庸子
撮影	西村法正（第6章、カバー写真）
印刷・製本	萩原印刷株式会社
発行者	天野智之
発行所	株式会社アルク 〒102-0073　東京都千代田区九段北4-2-6　市ヶ谷ビル Website：https://www.alc.co.jp/

落丁本、乱丁本は弊社にてお取り替えいたしております。
Webお問い合わせフォームにてご連絡ください。
https://www.alc.co.jp/inquiry/
本書の全部または一部の無断転載を禁じます。著作権法上で認められた場合を除いて、本書からのコピーを禁じます。
定価はカバーに表示してあります。
ご購入いただいた書籍の最新サポート情報は、以下の「製品サポート」ページでご提供いたします。
製品サポート：https://www.alc.co.jp/usersupport/

本書に記載された情報は、2019年2月時点のものです。情報、URL等は予告なく変更される場合があります。また、本書に登場する人物の所属・肩書は初刷刊行当時のものです。本書籍は2019年1月28日に著作権法第67条の2第1項の規定に基づく申請を行い、同項の適用を受けて作成されたものです。

©2019 Takao Yamamoto / ALC PRESS INC.
Yoko Sekine / Akiko Oishi / Momoko Sato / Shunsuke Hamada / Eriko Machida
Printed in Japan.
PC：7019006
ISBN：978-4-7574-3325-0